おごと温泉の地域革新

地場産業を蘇らせる企業家活動

岩崎勝彦 著

中央経済社

はじめに

「おごと温泉」と聞いて果たしてどれだけの読者がその場所がわかるであろうか。日本の観光案内で出てくる著名な温泉地といえば関東なら熱海，草津，関西なら城崎，有馬，白浜それに九州の別府や由布院などがすぐに挙げられよう。それでは，おごと温泉はどうか。この温泉は今から約30年前の日本がバブル景気の時期，言い換えれば日本全体が元気よく，世界中に向けて日本が進出していく，いわば怖いものなしの時代に名を馳せた滋賀県の琵琶湖をのぞむ温泉地といえばおわかりの方もおられるだろう。したがって，最近の若い世代の人々には，その名前や場所さえ簡単には思いつかないのも当然である。

それでは，なぜこのようなあまり著名でない温泉地を本書で取り上げたのだろうか，と訝る読者もおられると思う。しかし，日本の温泉地といえば，一方では観光地としての人気は日本人のみならず，いまや外国人観光客にとっても同様である。他方，さまざまな事情によって今や廃れてしまった地域も多くある。過大な投資によるもの，災害によって地形が変わってしまいお湯が出なくなったもの，あるいは後継者が不在で家業を継げずやむなく施設を売却したもの，などさまざまであり，その事象については一様に述べることは難しい。

本書で温泉を取り上げた理由は，現在も生き残った地場産業としての温泉地を地方創生の貴重な原動力として見直すことにある。日本はいうまでもなく，火山と地震が多いがその周辺地域は豊かな自然と歴史遺産に恵まれていることも事実である。言い換えると，温泉は日本の伝統的地場産業の１つであり，地域の革新の問題を考える時，他の地場産業と同様の位置づけにある。

伝統産業が生き残るためには，モノづくりの社会では，顧客への価値をつくり出す伝統工芸技術の継承や後継者の存在が不可欠である。同時に生き残りをかけた産地間の激しい競争にも勝ち抜かねばならない。しかし大切なことは，優れた伝統工芸技術があっても，それが特定個人の技術や技能のレベルに留まるなら，それは産地固有の技術や地域ブランドとして認知されるまでには至らない。つまり事業（技術）の伝承には事業存続のための仕組みと人材育成，そして地域全体の協力が欠かせない。

さて，温泉という地場産業は，モノづくりの社会とは異なる要素を持っていることも併せて考えていく必要がある。つまり，温泉といえば化学的・物理的な効能に留まらず，典型的なサービス産業としての特徴である，無形性，同時性，変動性，消滅性といった性格を持つため，モノづくりの伝承とは異なる継承の方法を考えなければ，伝統産業として生き残ってはいけない。日本における名だたる温泉（地）では，長年にわたり熾烈な温泉地間競争を生き抜いてきた知恵と工夫があったに違いない。日本はこれから観光立国としてますます，多様化する顧客のニーズに応えるために，どのような付加価値を加えて地域間競争を生き延び，同時に地場産業の核として地域の活性化に貢献できるのであろうか。

本書の狙いは，単に「おごと温泉」というローカルな温泉の歴史をたどることが主たる目的ではない。同地区の再生の歴史は，地域革新の縮図ともいえるケースであることにその大きな理由がある。すなわち，当地の復活の歴史は，平坦な歴史をたどってきたわけではない。一時期の風俗業の進出によってその後30年にも及ぶ風評被害の時期を経験しながらも，やっと普通の温泉としての位置づけとなった。しかし，そのプロセスは，公権力や外部の支援を利用しての再生ではなかった。厳しい環境の中で自力での革新を実現し，いまや関西地区における「郊外型リゾート」として生まれ変わろうとしている。

地域を復活させた背景には，その先導役となった企業家やその後継者たちの活動があったのであり，それらの活動に焦点を絞るのが地域革新の理解には有効と思われる。環境の変化に伴い大きく変貌を強いられた地域において，古くからの歴史的，社会的な慣行やしがらみが存在する中で，先導者となった経営者がどのように自律的な活動を通じて組織を動かし，地域を生き返らせることができたのか。

「おごと温泉」に限らず，現在事業承継問題や地域活性化の問題に直面する温泉地や旅館は同じような立場に置かれている。昨今では地域再生や地方創生が大きく話題に上り，企業の社会的責任についてもさまざまな分野での研究が進められている。

地域の革新には何が必要か，またそのためにリーダーとしての企業家活動のみならず組織の変革はどのようにすれば可能なのか，を理解する上で，読者である研究家のみならず実務家の方々にも本書が参考となるところがあれば幸いである。

平成30年３月

岩崎　勝彦

目　　次

＝第Ⅰ部　地域革新と企業家活動＝

第2章 地域革新における企業家活動の役割 ―― 30

＝第Ⅱ部　蘇るおごと温泉＝
～老舗温泉旅館の企業家活動～

＝第Ⅲ部　おごと温泉の事例が教えるもの＝

＝第Ⅰ部＝

地域革新と企業家活動

琵琶湖湖畔から望むおごと温泉（著者撮影）

第１章

地域革新とは何か
それはどのようにすれば可能なのか

1.1　現代的課題としての地域革新[1)]

2014年５月，元総務相で東大の増田寛也客員教授らは2040年には全国1,800市区町村の半分の存続が難しくなるとの予測をまとめた。国土交通省も全国６割の地域で50年に人口が半分以下になるとしている（2040年の人口推計は大学教授や企業経営者からなる民間組織「日本創成会議」の人口減少問題検討分科会が発表）。増田氏らの試算では，国立社会保障・人口問題研究所（社人研）の将来人口推計データを基に都市圏への流入が毎年６万～８万人続くとの前提で試算した[2)]。

日本創成会議が着目したのは，出産に適した年齢といえる「20～39歳」の女性の人口動態である。2040年には全国の49.8％にあたる896の市区町村で20～39歳の女性が５割以上減り，このうち523市区町村の人口が１万人未満になる。こうした自治体は，女性が生涯に産む子どもの数が増えても人口を保てず「消滅するおそれがある」とした。

以上の発表に対して，若者が地方から都市を選択する背景には，就職，教育，そして刺激のある都市生活を求めることがある。言い換えれば，地方には仕事も教育も，ワクワクするような生活も相対的に少ないと考えられているといえるが，果たして地方の若者たちにとって，地方とは魅力の乏しい，残るに値しない，将来の発展の可能性のないものなのだろうか。

例えば，農村という閉鎖的な社会では人間が悪事に走ったり，あるいは他者に対して非協力的な行動をとることは利益にならないどころか，損になる。だから，人々はカギをかけずに生活できるし，何かあったら助け合う。農村のような集団社会とは本質的に「信頼」を必要としない社会（すなわち「安心」を保証する社会）であり，逆に都会のような個人主義的な社会では本質的に「信頼」を必要とする社会である。集団社会では「安心」の中でお互いが協力体制を組み，同業者間での話合いによって過当競争を回避することができた，という指摘もある[3)]。このような相互監視と集団主義における「濃い人間関係」重視の社会を逃れ，より自由な都会生活を求める若者が増えることで，地方の人口の減少を招いたことも否定できない。

しかし，都会生活の中での若者たちといえば，携帯電話やスマートフォンに代表される手段で身の回りにある友人関係を中心にした，いわゆる「限定された安心社会」にしがみついている生活が当たり前となっているのも事実である。そこには「信頼社会」があるとは限らない。いずれにせよ，若者が地方に留まるか，あるいは何らかの目的をもって都会から移住したくなる地方を目指すなら，その解答は従来の地方のあり方の延長線上にはない。

従来の行政の施策といえば，公共事業を増加させ，公共資産を作ったもののその維持費によってかえって自治体が疲弊することを繰り返してきた。あるいは，地方自治体は，都市の企業の地方誘致のために多額の補助金を出すことで雇用増出を目指すも，企業は競争激化すると，簡単に工場を閉鎖し，人員削減に踏み切るため，自治体に対し住民から補助金の返還請求を求める訴訟も増えている。地方への補助金には限界があることから，域外からの企業誘致よりも，むしろ域内で地場産業を育成し，子育て，教育などの環境整備，介護サービスの充実など，新たな人間関係を構築するために必要な補助金やハード面・ソフト面での地域振興支援に，より深く関わることが望まれている。

最近の例でいえば，地域商品券などを使った地域革新は，当初の目論みとはかけはなれ，大手スーパーの売上は増加する反面，地域商店街の活性化には繋がっていないといわれる。言い換えると，安易な購買市場活性化を目指しても，真の地域活性化などは不可能である。地元商店街でのふれあいや地場企業活性化による就業人口の増加の仕組みそのものを考えていかなければ，世代を越えて続く地域革新は望めないだろう。以下は，地域の現状をまとめてみたものである[4)]。

（１）　公的補助金予算の限界

「地域の創生」といわれると，従来から，大都市圏の成長を拠り所とした，公共投資などの財政移転により地方圏を支える方法が定着し，地方には公的需要や自治体への補助金依存体質が続いてきた。

地方財政は恒常的な赤字構造であるが，他方，税収の伸び悩みと財政負担増により，国と地方の長期債務残高（普通国債残高＋借入金等の国と地方の長期債務残高）[5)] は2015年度末で1,041兆円であり，うち地方債務は199兆円となっている。そのため，地方圏を下支えしてきた公的需要への依存はもはや困難な状況にあり，交付金減を前提にした傾斜配分が主流となっている。

「三位一体改革」[6)] によって国と地方の関係見直しは不可欠である。

図表１：国及び地方の長期債務残高

（単位　兆円）

	1998年度末	2003年度末		2010年度末	2011年度末	2012年度末	2013年度末	2014年度末	2015年度末
国	390	493	～	662	694	731	770	800	842
地方	163	198	～	200	200	201	201	201	199
合計	553	692	～	862	895	932	972	1001	1041
GDP比	108%	138%	～	179%	189%	196%	201%	204%	207%

出所：財務省ホームページより作成

（２）　経済環境の変化

従来地方圏を支えてきた地域振興策の１つは域外からの企業誘致だった。企業進出に伴う工場の新規立地は雇用や税収面で地域経済に多大の貢献を期待できることから，安価で広大な土地の提供，豊富な労働力を強みとして全国の地方自治体が競って企業誘致を進めてきた。

しかし，グローバリゼーションによって，国内だけでなく，海外市場を求めて企業は自由に移動できるようになり，設備の海外移転による工場閉鎖や人員削減など，国内，特に地方圏における競争を激化させている。昨今では，地域間格差が縮まるどころか，逆に拡大傾向が止まっていない。もはや補助金頼みの域外からの企業誘致には限界がある。昨今の環境変化により，行政からの補助金によって地方に進出した企業が，わずか数年で撤退したことにより，補助金の返還訴訟が起きているケースもある。

中長期的な地方の活性化をも視野に入れた産業政策でなければ，行政による支援も企業の地方進出も難しくなっている。

（３）　少子高齢化

2015年に発表された国立社会保障・人口問題研究所の推計によれば，日本の人口は2010年の１億2,800万人をピークに本格的な人口減少が始まり，高齢化が深刻化する中，2030年には75歳以上の後期高齢者の占める割合が約２割となる。これに伴う生産年齢人口の減少，可処分所得の減少は不可避と予測される。

税収不足により地方財政が追いつめられる一方，高齢化の進展により社会保障，医療費支出の増大により，今後の我が国の財政の健全化は程遠くなりつつあるといってよい。また前述のように，2040年までに人口減で896の自治体が消滅危機にあるとすれば，産業不在＋人口減少が常態化すると予想され，今後の地方経済のいく先を厳しく見直していかざるをえない。

（４）　大都市への集中化が進む一方で疲弊する地方都市

地方圏においては，若者層を中心に３大都市圏（特に首都圏）への域外転出による人口減少も顕著である。バブル崩壊後の一時期を除き，企業の海外進出や地方撤退など，地方における若者にとって働く場がないという構造的問題により，地域の将来を担う人材の流出に歯止めがかかっていない。一部の大手企業の本社の地方移転や政府機関の地方誘致の提案など，動きは出てきたが，その抜本的な実現はまだほど遠い。

図表２：2016年度の都市別人口動態の推移（前年比伸び率順）

順位	人口が増加している都市			人口が減少している都市		
	都市名	人口（千人）	伸び率%	都市名	人口（千人）	伸び率%
1	東京	13,390	6.8	秋田	1,037	▲12.6
2	沖縄	1,421	4.0	青森	1,321	▲10.8
3	埼玉	7,239	2.3	高知	738	▲9.6
4	神奈川	9,096	1.9	山形	1,131	▲9.2
5	愛知	7,455	1.7	和歌山	971	▲8.5
6	千葉	6,197	0.8	山口	1,408	▲8.0
7	福岡	5,091	0.3	島根	697	▲7.8
8	滋賀	1,416	▲0.3	徳島	764	▲7.6

注：平成26年度人口は推計
出所：総務省統計局「国勢調査結果」「人口推計」資料より

以上のような経済・社会環境の中で喫緊の問題として，地域革新や再生は本当に可能であるのだろうか。結論からいえば，地域革新には結局，地元資源を活用し，地場産業の自力回復という課題に真正面から取り組むしかない。中央官庁の一方的，かつ一時的な支援では地域革新は望むべくもなく，やはり地元の人材が中心になって企業とコミュニティをうまく融合させ，連携させながら地元産業の活性化の土壌づくりをするのが，「遠回り」ではあるが一番着実で，一番息の長い地元活性化になるのではあるまいか。

2002年４月にスタートした「構造改革特区制度」[7]は，地方分権後のあるべき姿を目指す試みとして，一定の区域内における規制緩和を通じて地域の活性化を促すという。「地域が自ら考え，行動する。国はこれを支援する」という考えのもと，地方から提出された「地域再生計画」を基に各地域振興策が進められ，公共投資や企業誘致などの外部の力に依存した地域経済の活性化を目指す。

また，それと同時に地場の社会資本や産業集積などの地域資源の活用や，地元住民などを中心にした非営利団体やコミュニティが活躍する，いわば強者も弱者もない，地域のためのネットワークづくりが真の地域革新の駆動力になり土壌となる。

地域革新における駆動力となる地場産業[8)]とは，言い換えると地域に根付き，地域資源を活用できる産業を意味する。また別の視点からいえば，地域の地場産業とは，ベンチャー企業を除けば，地域での伝統産業，長寿産業に大きく重なる点も１つの特色といえる。

地域革新の主役となる地場産業のほとんどは，幾度かの環境の変遷を経て生き残ってきたいわゆる中小，中堅規模の伝統産業が大多数を占める。彼らは，単に過去の伝統産業の継承ではなく，その伝統的な技術やサービスを活かし，常に新陳代謝を伴う新規事業へ挑戦し，その結果，新しい付加価値を生み出すことで新製品や新市場への進出となっていった実績がある（北陸の漆器や食器，各地の地酒醸造，伝統ある九州の窯元など）。

それらの伝統地場産業の多くは，自力による革新力を持たなければ，行政からの支援や助成頼み，あるいは大手企業傘下の下請け的な存在では生き残りができなかった。今こそ，これらの伝統産業や地域老舗の生き残りの歴史的事実が地域革新の大きなヒントになるといえるかもしれない。

本書は，このような問題意識のもとに，日本の代表的地域資源である温泉を取り上げる。温泉をめぐる産業は地場産業であり，伝統産業であると同時に，そのあり方には長寿企業の知恵も見えてくる。たとえ都市と地方の格差が拡大し，地域の疲弊が言われても，地場産業間で連携し，一体となって地域全体の生活環境を整備し，活性化を目指せば，地域革新による生き残りのチャンスは十分にある。

1.2　なぜ温泉地と温泉旅館を取り上げるか

1.2.1　温泉地（温泉旅館の集積としての温泉地）の現状

温泉は地域革新のための資源である。特に日本の場合，環太平洋火山帯に位置し，各地で温泉が湧出，環境省が発表する「温泉利用状況」によると温泉地数は平成25（2013）年度現在で3,159か所（環境省自然環境局調べ）であり，今後温泉地が増える傾向にある（北海道，東北，中国，九州）。この背景には温泉掘削技術の進歩により温泉開発が容易になったこと，また「ふるさと創生事業」（昭和63（1988）年〜平成１（1989）年）などの影響で温泉地数の増加が著しいことがある。非火山地域で温泉の少ない近畿，中国，四国地方でも増加している。

しかし，宿泊利用人員は高度経済成長期には大きな伸びを見せたが，経済成長率の鈍化とともに減少に転じ，平成４（1992）年に過去最高（延べ143,250千人）を記録した後は減少傾向にある（平成27（2015）年度　延べ132,064千人）。

その原因として，①景気問題や，若い人たちの嗜好が旅先でのグルメに関心が移るなど，温泉浴に対する消費者ニーズや旅行形態の変化への対応の遅れ，②旅館に宿泊するより，日帰りのできる身近な温泉スパなどを利用するファミリーや若い世代の増加，③平成２（1990）年頃から市町村が観光客集めのため，行き過ぎた温泉の掘削など無理な開発で泉源がかれてしまうケース，などが理由であるといわれている（日本温泉総合研究所）。

すなわち，従来の温泉地のように火山地帯のマグマに温められた地下水が湧き出す「自噴式」ではなく，最近の温泉の多くは地面に深い穴を掘ってくみ出す「ポンプ式」であり，同時に掘削工事のコストダウンがそれを助長した[9)]。

温泉は老若男女を問わず常に日本人の行きたい旅行タイプの上位にランクされている。最近の温泉地では，「温泉情緒」「地域性」が意識され，旅館では客室の改装，接客サービスの見直し，また温泉地の景観整備や賑わいづくりなどの動きがみられる。

JTBによる女性を対象とした調査[10]では，温泉旅行が「行ってみたい旅行タイプ」の中では２位の「自然観光」に大差をつけてトップの位置にある。しかし，それにもかかわらず温泉地の多くが低迷をしているのは，上述したように消費者ニーズや旅行形態の変化への対応の遅れが原因と考えられるが，今後は資源の確保と同時に，温泉旅館単独ではなく，地域全体での協力連携体制による町づくりが必要となっていることを見逃すべきではない。

1.2.2　温泉利用スタイルの歴史的推移[11]

次に，温泉利用についての歴史的推移を簡単に述べておこう。

（1）　明治から大正にかけて

この頃は主に保養・休養目的である。皇族の温泉地（伊香保，那須，箱根宮ノ下）のみならず，外国人による国内旅行の自由化は，雲仙などの国際的な温泉保養地の形成に繋がった。さらに大正から昭和初期にかけて，大都市近郊の温泉地，例えば熱海温泉は都市住民の保養や慰安の場あるいは別荘地，としての性格をもつに至る。

また，従来は「総湯」の外湯（協同浴場）を中心に形成されていた温泉地であるが，個人所有の温泉が掘削され，内湯旅館が増加した。草津，那須，熱海に加えて鬼怒川，強羅，芦原などの温泉地が新たに加わった。

（2）　昭和初め～高度成長期～1970年代

農家の人たちの湯治や保養が中心だった温泉地も，戦後の経済復興とともに大きく変化していった。マス・ツーリズムといわれる旅行の大衆化，慰安や観光目的での旅行が増加。企業の職場型団体旅行，１泊２食宴会型の旅行が主になり，温泉地は盛り場的な色合いが強くなる。

宿泊施設の大型化，料理の画一化，飲食・物販機能の強化（宿泊客の囲い込み）などが進むのである。

（3）　バブル経済崩壊～現在

1980年代後半になると，消費者ニーズや旅行形態の変化（一人旅や少数の女性グループの旅行などの増加）による保養，療養機能の見直しが必要となる。「健康と温泉」に対して女性目線での「温泉ブーム」が生まれると，温泉地のマーケットの主体は男性から女性やファミリーにシフトした。男性の利用が中心であった歓楽型温泉地の多くは魅力のない温泉地として客離れが進行し，団体旅行を専門とする旅館施設は苦境に陥るところが出てきたのである。

また，平成期に入ると自然エネルギーとしての地熱の活用が注目され，また大深度掘削が増加した結果，温泉数は増加した。さらに「ふるさと創生」による事業や公的補助を受けた町などが温泉経営に乗り出したことから，非火山地域における掘削による温泉開発が進み，「日帰り温泉」が全国的に展開されるようになった。しかし，その一方で温泉が涸渇するケースも出てきたため，温泉の集中管理をせざるを得なくなってきた。

1.2.3　不易流行としての温泉

日本交通公社 観光政策研究部 吉澤清良氏によれば，いずれの温泉地の場合もその本質は不易流行の言葉に集約されるという。不易とは自然，歴史文化，温泉情緒，温泉文化のみならず，温泉地特有の空気感，人柄やモノの見方，考え方，精神性に及ぶ。流行とは覚悟をもって取り組む魅力的な温泉まちづくりに他ならない。

また，内田氏（大阪観光大学）の言葉を引用して，「今後の温泉地では，変わることのない温泉の本質と各地域の個性・歴史を学び，温泉街全体で価値を共有し，時代に応じた新たな魅力を生み出していくことが求められている」とする。消費者ニーズを求めて地上調査を実施しても，すでに「その芽が出尽くした」というのは不適切であり，むしろ単に資源のみに頼るのではなく，常に時代の変化に感覚を研ぎ澄ませ，時代を越えて変わらない価値のあるものを踏まえつつ，地元住民も参加する温泉地のまちづくりを実践していくことが大切としている[12)]。

以下は，不易流行に対する代表的温泉地のリーダーの声の概要である[13]。

- 旅館経営とまちづくりの関係とは，「地域の成長があって初めて個々の企業の発展も見込める」のであり，具体的には「地元の自然と文化を守りながら，今後は4つの新しい市場：『ロングステイ』『ペット連れ旅行』『一人旅』『外国人』に注目する」。同時に「個（旅館）の経営には公益の気持ちを持つ，公（まちづくり）の活動に収益の視点を持つ，それらが融合する形でのまちづくりが必要である」（阿寒湖温泉）。
- 「たゆまぬチャレンジの根底にあるまちづくりの精神」として，過去幾度となく災害に遭いながらも，その度に何とか復興しようという覚悟と使命感，そして行動力と経験の継承がある（有馬温泉）。
- ドイツの保養地をモデルにした「滞在型保養温泉地」を常に拠り所とし，「静けさ」「緑」「空間」を大事にしたまちづくりによって持続可能な地域をめざす（由布院温泉）。
- これまでの地域づくりの原動力は宿主を中心にした地域内の人間の結束力であった。今後温泉地として生き残るには，地元の人々が地域の魅力と誇りを感じ豊かに生き，そこに地域外のさまざまな人々を受け入れ，関わりを持って行く地域となるか否かが問われている（黒川温泉）。

しかし，地域経済を支えてきた地場産業，誘致企業などが衰退していくと，今までの優れていた面を忘れがちになる。今後は，それらの優れている面に注目し，それをどのように活かすべきか，優れた地域や企業から学び，それを地元で再活性化することが必要になってきている。例えば，地元には優れた自然や，文化，歴史があるにもかかわらず，地元住民は気づかず，逆に外部の人間の評価を通じて再認識することが多い[14]。

1.2.4　地場産業としての温泉旅館業の位置づけ

日本の長寿企業を調べると，「温泉旅館」「ホテル」は「建設」や「酒屋」などと並んで上位を占める。しかし，その大部分が地方にあり，またサービス業としての生産性が低く，倒産や事業再生の対象になっているものも多い。近年，外資系などの買収対象になったり，事業再生が必要になるケースが増加しているが，他方で日本の伝統文化を継承し，世界からの観光客を魅了し続けているのも同じ温泉旅館である。

ホテルと旅館の大きな違いは，ホテルは訪問場所が別にあって，ホテル自体が目的ではなく宿泊のための手段となっており，「チェーン展開をしているホテルに泊まれば，全国どこでも同等で期待通りのサービスが受けられる」という安心感がある。他方，旅館の場合，「料理・宿泊・温泉という温泉地そのものが訪問の目的であり，旅館ごとの独創性溢れるサービスや地元食材を使った食事などのオリジナリティが重要」である[15)]。そのため，一般的には全国的なチェーン展開には必ずしもなじまず，またエリア内の旅館のみならず，他の温泉地との熾烈な競合を考慮する必要がある[16)]。

以上からいえるように，一般的に旅館は全国規模の標準化や，チェーン化等の規模の拡大が望めず，投資ファンドなど，外部からの投資対象の規模としては難しい場合が多い[17)]。さらに従来の「団体旅行」から「家族旅行」「少人数旅行」，最近では外国人観光客の増加に対応を迫られるなど，旅行スタイルの変化が起こっているため，団体を予定して改装工事に多くの借財を抱えた旅館などは，経営困難に陥っている。例外的には，再生のポテンシャリティがあるような旅館の場合，地域再生ファンドや地元金融機関による再生案件として取り上げられるチャンスもある[18)]。

本来家業として誕生した温泉旅館には，日本的サービスの原点である「おもてなし」を全面的に打ち出しながら，あるいは地域と共生し，地域の伝統文化をPRすることで独自ブランドを高めている温泉旅館も見かけられるようになってきた。海外展開を目指して世界的なブランド確立を志向する軽井沢「星野リゾート」，あるいは，従来の家業としての形態から多様な変化を遂げながら，しぶとく生き残りをかけて現在に至っている和倉温泉「加賀屋」，地域全体が観光の対象となっている由布院温泉や箱根・熱海温泉の老舗旅館のような場合がある。本書では，地域革新の中核となる地場産業の事例として，滋賀県にある「おごと温泉」のケースを取り上げてみる。

1.3　なぜおごと温泉地を取り上げるのか
—雄琴の歴史とおごと温泉の特徴—

1.3.1　雄琴の地理的位置

「雄琴」の歴史を語る前にまずは，地理的な位置を簡単に示しておこう。下図を見てわかるように，近江（現在の滋賀県）の南西に位置し，湖西・湖南地区といわれる。同地は関西，特に京都から極めて近いことから，琵琶湖を挟んで戦国時代では，諸大名が覇権を競ったことは周知のところである。また県の中心部には琵琶湖があり，県全体面積の6分の1を占めるが，その存在は近畿地方と中部地方とに分けるような位置づけとなっている。言い換えれば，琵琶湖は単なる風光明媚な観光的要素に留まらず，滋賀県の歴史や風土に極めて複雑な影響を与えてきたといえよう。

図表3：おごと温泉の位置

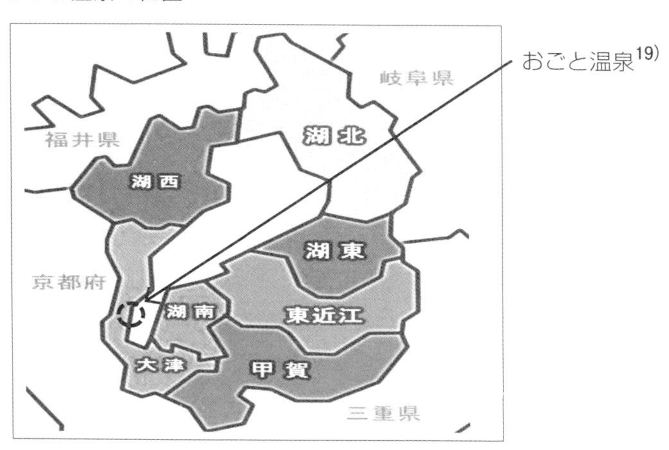

「滋賀県の風土と気質」

滋賀県にとって琵琶湖は，一方では県民にとって豊かな恵みをもたらしたが，他方では地域的な断絶：湖東↔湖西，湖北↔湖南という，いわゆる「壁」の存在となっているといわれる。また最近の滋賀県の動きでは，周辺地区からの人口流入により湖東・湖南地区での急激な郊外都市化が進んでいることが注目される。

滋賀県の魅力度ランキング（ブランドイメージ）は47都道府県中第33位（2017（地域ブランド調査）年）であった。従来，地元住民にとって観光客はいわば「よそ者」であり，平穏な日常生活を乱されたくないという認識が強いといわれる。しかし，湖東の彦根・長浜はもちろん，大津・湖南地域を巻き込んだ昨今の街おこしの動きなどは，この傾向に一石を投じる役割を担うことも考えられる。地元の郷土に対する愛や矜持は捨てがたいにせよ，新旧のバランスを図るために地道な共存共栄の精神，それは「三方よし」の考え方を現代的な解釈のもとに展開させていくことで滋賀県の新たな発展も期待できるのだろう。

おごと温泉は滋賀県の湖南・湖西地区にある。同地域は，現在大津市が中心になっているが，古くから延暦寺などの寺社との関係が深い。また近隣には戦国時代に関する歴史的遺産も多くあり，文化的にも京阪の影響を強く受けている。したがって近江商人で有名になった湖東地区とは異なった気質を持つといわれる。以下に，その特徴をまとめてみた。

【各地域の特徴】

	地理的特徴	地域	備考
湖南地区	旧東海道が通る交通の要衝	大津地域，南部地域，甲賀地域（大津北西部の志賀，雄琴，堅田は湖西に含むこともある）	昔から京阪との関係が深く，言葉や文化の影響が大きい。甲賀には陶器で有名な信楽がある
湖東地区	平野部が大きく穀倉・畜産地帯	東近江地域，湖東地域	近江商人の発祥の地（八幡・日野・湖東商人）。旧街道が集中する。近年，街おこしで有名な彦根は「幻の焼物」湖東焼の産地
湖北地区	岐阜と福井との接点	長浜など戦国史に関係深い地域	賤ヶ岳や姉川は古戦場として有名。長浜は黒壁スクエアとして観光客に人気。余呉は鮒ずしの産地
湖西地区	平野部が少なく琵琶湖近くまで山が迫る	高島市（旧５町１村が合併）のみで構成	高島商人発祥の地。新旭町針江は「平成の名水百選」に選ばれる湧水と清流の町として知られる

1.3.2　おごと温泉と他の温泉地との違いはなにか

まず温泉地区間の比較をする場合，単に老舗旅館の戦略上の競争優位を比較検討するだけでは，そもそも現在まで老舗旅館が生き残ってきたことを十分に説明できない。温泉旅館の場合，「温泉」という天然資源は共通である[20]。施設や立地上の問題を除けば，温泉旅館の差別化を図れる要因は，むしろ現場の「サービス」であり，また後述するように，地域の社会的，文化的，歴史的背景のもとで育った地元経営者による企業家活動やその意思を受け継いだ後継者たちの活動の違いに表れてくるのではないだろうか。

おごと温泉は，企業のライフサイクルの考えからいえば，1970年代前半に最盛期を迎え成熟期に入らんとする時期に，従来からの温泉地としてのイメージから突然の環境変化により，その後長い間風評被害の状態に追い込まれた。一般的な事業再生事例の場合，メインの金融機関からの支援（債権切り捨て，金融機関からの人材投入など）やブランドに対する投資対象として外資などの第三者スポンサーなどの出現（M&A，出資と同時に外部役員などの受入れによる経営権のシフトなど）がない場合，間違いなく倒産か民事再生に持ち込まれたはずである。例えば，足利銀行の経営破綻に伴う鬼怒川温泉の再生，星野リゾートによる熱海温泉の老舗旅館「蓬莱」への経営参加，青森県古牧温泉の「青森屋」の事業再生がある。

雄琴はそうしたケースに該当しなかった。大幅な環境変化の時期には，業界の評判も変わり，風評被害が無視できなくなったにもかかわらず，なぜ自己革新による立ち直りが可能になったのか，いくつかの疑問が浮かび上がる。ここでは次の２つの問題に絞って考察を進めることにしたい。

①　おごと温泉はなぜ風評被害から脱却できたのか。なぜ企業家活動[21]が必要だったのか。

②　温泉旅館協同組合組織は企業家活動によってどのように変革されていったのか。

本書ではこの問いに対して，経営学における「アントレプレナーシップ（企業家活動）の役割」に焦点を絞って，おごと温泉の自己革新の経緯を探ることにする。第２章では先行研究の概要を解説することから進めていくが，その前にまずおごと温泉の歴史を振り返ることから話を進めたい。

1.3.3　雄琴の歴史

「雄琴」の名は1124年頃の白河法皇の勅撰集「金葉集」の中で次のように詠まれている[22)]。

- 松風の　雄琴の里に　かよふにぞ　治れる世の　声ときこゆる　敦光
- かよひきて　雄琴しらべの　岡の松に　ふく浦風も　ちよの声する　庭田正惟

雄琴という地名は，当地の郷土史によれば，平安時代の初期，文徳天皇の仁寿元年（851）から小槻氏今雄宿禰（おづきしいまおすくね）がその功績により雄琴の里を荘園として賜り，当地を開いたのが，そもそもの始まりとされる。また，当時の寝殿造りの貴族の邸宅から床しい琴の音が流れることもあったので，地名にも「琴」の一字を用いたとされる。このようなところから，「雄」と「琴」を連ねて「雄琴」と名付けされ，昔から地元では慣れ親しんだ地名である。

（1）　古代・中世　（「わが郷土　雄琴の歴史を探る」より）

堅田地区の南，下坂本地区の北を流れる雄琴川，大正時川に挟まれた雄琴地区は，雄琴１～６丁目，千野（ちの）１～３丁目，苗鹿（のうか）１～３丁目からなる。この地区は湖辺の雄琴，苗鹿，その後背地の仰木（おおぎ）につづく丘陵を中心とする千野の３つの旧自然村によって，形成されてきた地区である。

古くは，３世紀ごろの弥生時代の山ノ下遺跡，新池北遺跡，高峰遺跡などに始まり，その後古墳時代には５世紀ごろの打越古墳，高峰古墳，６世紀後半から７世紀の法光寺古墳群，苗鹿古墳群などが確認されている。

小槻氏宿禰今雄が雄琴荘を賜ったとされる仁寿元（851）年以来，朝廷の事務次官を世襲する小槻氏宿禰一族によって雄琴地区は保護され，雄琴荘内に法光寺（貞観５（863）年苗鹿２丁目），式内社（延喜式の神名帳に載っている神社）たる那波加神社（大同２（807）年創建，苗鹿１丁目）や雄琴神社（大同３（808）年創建，雄琴２丁目）を開創した。法光寺は鎮護国家の道場であると同時に，今雄家の氏寺となった。当時雄琴の里は京都に近く，白川を経て山中を越えれば湖を望む景勝の地であり，隠退後の別荘や隠居所として移り住んだ貴族や中宮も多かったといわれる。

10世紀になると雄琴地区は新たに延暦寺の進出がみられた。天暦年中（947～57）には良源が千野に安養院を開いたといわれ，その後天元２（979）年朝廷が苗鹿村に山上堂舎再建中の雑役を免除したのは，苗鹿村が延暦寺と深い関係があったことを示している。寛和２（986）年，延暦寺が大津以北，衣川郷以南の湖岸を殺生禁断の地としたのも，その支配が次第に強化されていったことを示している。その後，延暦寺の曼殊院門跡，妙法院門跡が苗鹿を寺領とする動きは旧来の領主小槻氏との対立を招いたが，結果は小槻氏が元亨２（1322）年その寺領を安堵された。その後，天太玉命を祭る延喜式内社としての那波加神社，その別当である法光寺は比叡山の末寺，そして雄琴神社は今雄を祭神と

図表４：おごと温泉付近の俯瞰図

出所：『わが郷土　雄琴の歴史を探る』巻末挿絵より

することとなった。

（2） 近世（『新修　大津市史　北部地域　第7巻』より）

戦国時代に入ると，雄琴地区もその戦火の渦中に巻き込まれることになる。永禄9（1566）年六角義秀が雄琴の土豪和田秀純[23]を滋賀郡の旗頭にしたときに，秀純は雄琴城を賜ったとされる（『江西和田家記』）。元亀1（1570）年，江北の浅井長政と越前の朝倉義景の連合軍が湖西地方に進出し，織田信長と対峙した時，浅井の軍勢が雄琴城に駐屯したという。そして，同年の堅田城をめぐる浅井，朝倉軍と信長軍との合戦では，秀純は浅井・朝倉方につき戦功をたてた。

しかし，元亀2（1571）年には一転して信長方についている。すなわち，同年9月に起こった織田信長による山門焼き討ちに際して，和田秀純は信長配下の明智光秀のもとに馳せ参じた。この焼き討ちによって雄琴も被害を受け，雄琴，那波加，若宮，天満の各鎮守社や法光寺などの諸社寺は焼失した。天正10（1582）年明智光秀が羽柴秀吉によって滅ぼされる時，雄琴城は坂本城とともに落城。翌11年には，雄琴地区は秀吉の直轄領となる（当時の石高：雄琴600石，千野488石，苗鹿287石）。和田秀純は慶長8（1603）年までながらえ，雄琴の地で没した。享年74歳。雄琴城は和田秀純一代限り，16年間の短い期間存続したのみで，その歴史は終わる。

徳川の治世になると，同地区の支配関係もめまぐるしく変化した。千野の一部は膳所（ぜぜ）藩の飛び地となり，苗鹿村も天領から膳所藩に編入され，雄琴村は滋賀院門跡領[24]，千野の一部は堅田堀田氏の領地となる。こうした所領関係も元禄年間には安定する（当時の石高：雄琴758石，千野862石，苗鹿392石）。なお，苗鹿・千野村は大津宿の助郷村（すけごうむら）に指定された。

この時代の雄琴の農業以外の産業として，魞（えり）漁[25]がある。琵琶湖の魚は古代以来朝廷に献上され天皇の食膳を飾っていた。幕末には苗鹿村の魞漁によって獲れた鯉・鮒が有栖川家や朝廷の御用達として献上される。延宝7（1679）

年の苗鹿村で実施された検地では，魞年貢が米に代わって上納されていたことが記されている。また，雄琴村は，滋賀院門跡領であったため，寛延2（1749）年殺生禁断の地として魞漁が禁止されたが，明治2（1869）年大津県支配になって再開された。また，この3地区での領主と百姓の扱いには全く異なる慣例が生まれることになる。すなわち，年貢の徴収にあたり，雄琴村は甘く，苗鹿村はかなり厳しかったことも，後の村民性にも違いが生じる原因になったといわれる。

苗鹿・雄琴の両村には北國海道（西近江路）が貫通しており，街道筋には旅人相手の水茶屋ができ，雄琴の奴茶屋や山ノ下の武兵衛茶屋などの名が残っている。明治になっても，雄琴村には旅籠などの商業専従の家が6戸見られた。また幕末には苗鹿村の北國海道沿いに現存する常夜燈[26]が建立された。

また，別の記録では江戸時代後期（1830～1844）には，雄琴村の和田源左衛門秀章らが農閑期に手習いを教えていたこと，幕末から明治初年の頃には雄琴，苗鹿，千野の僧侶たちや雄琴村の和田泰助らが，寺子屋教育を開始したと伝えられ，当時の教育熱の高まりを窺うことができる。

（3） 明治初期から昭和初期まで（『新　大津市史　別巻』『新修　大津市史　北部地域　第7巻』より）

1）明治初期

明治政府は成立直後から，まず寺社領を直轄地として上知させた。明治1（1868）年，滋賀院領雄琴村は，まず大津県支配となり，同4（1871）年の廃藩置県によって苗鹿村と千野村の一部は膳所県に，千野村の大部分は佐野県となった。その後大津県に吸収され（同4（1871）年），現在の滋賀県となる（同5（1872）年）。

<table>
<tr><td>輪王寺宮領：穴太村・比叡辻村・雄琴村</td><td rowspan="3">大津裁判所</td><td rowspan="5">大津県→滋賀県</td></tr>
<tr><td>山門領：坂本村・下坂本村</td></tr>
<tr><td>幕府直轄領（大津代官支配）：坂本村の一部（高畑村）</td></tr>
<tr><td>膳所藩領：千野村の２割・苗鹿村</td><td></td></tr>
<tr><td>佐野藩領：千野村の８割</td><td></td></tr>
</table>

明治11（1878）年頃の雄琴村の様子について，戸数120軒のうち，農業112軒，工業２軒（鍛冶屋，桶工），商業６軒（旅籠屋，飲食店，雑商）であり，雄琴川の谷口集落として，汽船寄港地として商業活動も始まった。なお，この一画の他は純農村である。その他，筵（むしろ）や縄の生産も苗鹿，千野とともに盛んであった。さらに明治22（1889）年４月に町村自治制が実施され，雄琴村では雄琴，千野，苗鹿が統合される。

２）明治中頃～後期

陸上交通では西近江路の整備改修が進められる一方，湖上交通では明治初期大津・長浜間の鉄道連絡船が盛んであったが，湖東線が開通した後は全盛期が過ぎた。その後，湖南汽船会社が創立され，大津～石山線，大津～坂本線は石山寺，日吉神社，比叡山への観光客を主対象とするのみならず，地元民にとっても大いに利用された。明治27（1894）年には雄琴～坂本～大津間に定期航路を就航させ，旧西近江路に代わる新たな交通機関として雄琴地区と他地区を結びつけた。また明治40（1907）年には京津（けいしん）電気鉄道会社による京都～大津間が開通し，大津への遊覧客でさらに湖上を坂本，石山に遊ぶ客も増加した。

３）大正期

北部地区は大津市街地に接し，比叡山麓にあって延暦寺・日吉神社との関係が密であり，坂本村はその門前町，下坂本村はその港津であった。他方，雄琴村は純農村（他の２村に比べると自作農比率が高い）であったが，大正末期に頃から一部に温泉町の成立がみられることになる。陸路は西近江路として昔から重要な街道であり，また湖上交通は湖南汽船による定期航路が盛んになったことから，大正末頃には湖上遊覧時代となって日吉神社・比叡山に来遊する客も増え坂本港は賑わった。

江若（こうじゃく）鉄道は大正９（1920）年に設立され，同10（1921）年には三井寺下～叡山間が開通した。同12（1923）年には雄琴まで開通し，この地方を大津・京都に近づけた結果，雄琴は農漁村の性格を残しつつも保養地への転換が図られることになった。また，大正８（1919）年頃の雄琴では伝説的に昔から知られていた蛇ヶ谷（じゃがたに）の念仏池[27]の湧水には良質のラジウム鉱泉の効能があることが判明したことから同地域の知名度が上がり，大正13（1924）年頃，雄琴村の田中宗吉らが池を掘って湯元とし，湯元館として温泉料理屋を開業した。その後，湯元館は現経営者の針谷氏の手に移るが，他に国華荘，みのやなどの本格的な旅館も建つようになった。産業もない農村だった雄琴村にとって，鉄道の開通と温泉の開発は，新たな可能性を秘めた魅力的な事業だった。「雄琴村に温泉旅館街が現出する」という内容で当時の雄琴温泉の様子について「大阪朝日新聞京都滋賀版」（大正14（1925）年９月14・15日付）に次のような記事が掲載されている[28]。

> 生まれて一年，創造の悩みをつぶさに嘗めつゝ，繁盛への一路を辿ってゐる江若鉄道の沿線浮見（御）堂で名を得てゐる堅田と，紅葉の名所坂本の中間にある雄琴温泉も，日毎に運んでくれる浴客の足跡とともに幾何かの財が撒き残され，漸進歩調ながらも殷賑の彼方へ，歩一歩進んでゐるのは誠に芽出度いことだ。
>
> この春まで宿屋らしいものもなかった雄琴にも又平，魚久，泉家の料理屋を本位とした旅館が新築され，互いに庖丁の味を競ひ，日がへりで来遊する浴客を満足せしめるようになり，やゝ整った温泉境を造り上げてきた。
>
> 日がえりの客が多いだけに保養のため，滞在する浴客は夜と朝の静けさに思ふ存分親しみ得る特権が賦与される。すがゝゝしい秋の月が湖上を輝す夜，虫の音に耳を傾け，早朝朝靄に包まれた対岸の山々を陽を浴びて錦波銀波の漣打つ湖上を透して眺めながら，青々とした稲田の畔に杖をひく気分は他で求め得られない清浄さだ。
>
> かくて小さなあまり名も許されていない雄琴にも，日々三百五十名前後の日が

へり入湯客が出入りしてゐるが，総ての設備はその日がへり，料理屋本位となってゐるため滞在の目的で来遊したものも倉皇行李（そうこうこうり）を纏めて四散するのは惜しいことだ，温泉場としての生命を今少し生かしては如何。山の下，那波加の両在の村人達と今少し融合して近在の発展をも考慮に入れては如何。

4）昭和初期～戦時中（『新　大津市史　別巻』より）

昭和２（1927）年には，ケーブルカーも坂本側からも開通し，すでに開通していた京都側と相俟って比叡山は京都観光の一中心となり，坂本側に来遊する参拝・観光客も次第に多くなる。坂本は門前町としてのみならず，観光地としても名高くなってくる。昭和４（1929）年には，大津電車と京阪電車が合併によって，京都三条から坂本までが開通した。雄琴村に温泉が生まれた頃は日帰りの浴客が中心であったが，その後江若鉄道の発展とともに徐々に温泉宿泊施設が増えていったことが窺える。昭和14（1939）年頃には，湯元館の他に国華荘ができ，その他小旅館も増えていった。

昭和16（1941）年以降の戦時においては，坂本・下坂本・雄琴村の３村は観光地としての姿は消えてしまう。戦局の悪化に伴い，学童疎開が始まり，坂本の寺院，雄琴の寺が受入れ先となっている。坂本・雄琴にはなお多くの旅館があったが，そのほとんどが転廃業し，軍需会社の寮になっているものもあった。湯元館は県の健民修練場（後に厚生省所管），国華荘は陸軍病院分院（後に英豪軍に接収）となり終戦を迎える。

5）戦後　昭和20年代～昭和50年頃まで（『わが郷土　雄琴の歴史を探る』『新　大津市史　別巻』より）

終戦後北部地区も，交通の発達とともに大津市との関係が密接となり，住民の生活も次第に都市化した。

かくして，昭和26（1951）年４月に坂本村，下坂本村，雄琴村は大津市と合併し，それぞれ大津市阪本町，坂本穴太（さかもとあのう）町，下阪本町，下坂本比叡辻町，雄琴町，雄琴苗鹿町，雄琴千野町となった。

新しく合併された地域でも雄琴村は特に観光政策に熱心で，当地が真っ先に大津との合併を承諾したのも，旧村単位ではこれ以上の開発を望めないと思ったからである。したがって合併条件にも，大津市自らも力を入れると明記されていた。これにより，大津市は雄琴の開発の早道として同地区での新温泉源発見が優先すると考え，以降新鉱泉掘削事業に本格的に努めることになる。

大津市との合併当時の雄琴には，国華荘，湯元館，芳月楼などわずかな旅館のみであり，鉱泉が出ていたのも湯元館，国華荘の２館だけであった。当時の大津市長らは，すでに鉱泉をもっていた湯元館・国華荘との協定を結び，両旅館の湯量確保の保証と同時に用地の提供などお互いの協力関係の中で掘削事業が進められた結果，昭和26（1951）年11月に新鉱泉の発見となった。

雄琴地区の開発について，大津市と地元との協力関係は一方（ひとかた）ならないものがあり，雄琴側では国華荘，湯元館，芳月楼の３館が中心になって一大観光地実現のために熱意を傾けた。昭和27（1952）年の新春には大津市と雄琴との間で，雄琴温泉の開発のための鉄管の敷設，温泉まつりなどを実施。同年，郵政省の寮として湖畔荘がつくられる頃から，内湯旅館が増加，増築され，琵琶湖畔温泉町としての賑わいを見せるようになる（昭和38（1963）年頃　旅館数約30軒）。大阪方面からの貸し切りバス客が増加し，魞（えり）・舟・水泳等「琵琶湖を活かした温泉町」として，雄琴発展のための基礎が築かれていった。

昭和30年代の雄琴はローカルな温泉地として知られていたが，昭和41（1966）年風俗営業法が一部改正され，個室浴場がこの規制の対象になったとき，同年10月の滋賀県議会で雄琴地区の一部30万㎡を禁止除外地区にすることを認めた。この線引きは同地区に大きな課題を残すことになる。その後の縮小努力にもかかわらず，昭和46（1971）年以降個室浴場が次第に開店され，同時に国民のモータリゼーションの進展によって，従来の風光明媚な温泉街から歓楽街へと大きくイメージが変わる事態を招いた。これ以降は，風評被害の払拭のために老舗旅館の企業家たちによる生き残りをかけた闘いが続くことになる。

国鉄湖西線が昭和49（1974）年に開設されると地元の努力で，当該禁止地区を３分の１に縮小，さらに昭和56（1981）年にはその半分の45,000㎡に縮小されるに至った。現在は，国道より山手の地域は住宅地として開発が進み，新たな関西地方の郊外住宅地としての街づくりが進められている。

以上雄琴地区の歴史を概観してきたが，同地区と京都の朝廷や豪族，あるいは延暦寺との関係は深かったこと，また温泉が発見されてからは交通の便が良い温泉地として客の往来も盛んになり，従来からの農業・漁業に加えて商業地としての要素が加わったことなどが，当地の地域性を形づくることになったと考えられる。しかし，次章で述べるように，昭和46（1971）年以降の対風俗業に対する当時の行政の考え方の結果その後の歴史はそれまでの雄琴の発展の歴史を大きく塗り替えることになった。

図表５：雄琴を取り巻く近江の歴史[29)]

	奈良～平安～鎌倉～室町時代
667年	近江（大津京）に遷都
672	壬申の乱（天智天皇の息子・大友皇子と同天皇弟・大海人皇子の皇位継承争い）で大友皇子が敗北。大海人皇子は天武天皇に即位し，この年に飛鳥京に遷都
767	最澄生まれる
794	桓武天皇が近江国古津を大津と改称。円仁（慈覚大師）生まれる
806	最澄が天台宗を開宗
814	円珍（智証大師）生まれる（三井寺（園城寺））
823	比叡山に延暦寺の名が与えられる
912	元三大師（慈恵大師）良源生まれる　（西教寺）
～	
1156	佐々木秀義が保元の乱で源義朝軍に属して戦う
1180	源頼朝が平家打倒のため挙兵。佐々木４兄弟が従軍
1185	平氏一門が壇ノ浦にて滅亡　源頼朝が佐々木成綱の佐々木荘（近江国蒲生郡）を安堵
1231	承久の乱後，佐々木信綱（鎌倉幕府方）近江守に叙せられる
1331	元弘の変に佐々木惣領家　六角時信が幕府軍で参戦するも敗北。以後京極

	氏の立場が逆転
1338	足利尊氏によって佐々木庶子家の佐々木高氏（京極道誉）に近江守護職が移る
1467	応仁の乱では，京極氏は東軍，六角氏は西軍に属す。六角氏は敗北
～	六角高頼の時近江一国を平定するも，諸荘園を蚕食したため，室町幕府は六角氏を征伐に乗り出した結果，六角氏は，甲賀に逃亡。その後，織田信長との観音寺の戦いで滅亡。また京極氏も湖北の浅井氏によって近江から追放。これにより佐々木氏一族の近江支配は終焉

	戦国～安土桃山時代
1568	織田信長が近江侵攻。観音寺城陥落し，六角氏事実上滅亡
1570	浅井長政が織田信長に反旗。姉川の戦い
1571	織田信長，比叡山焼き討ち
1573	織田信長，小谷城を攻め浅井氏滅亡
1582	本能寺の変後，明智光秀も山崎にて終焉　清州会議
1583	賤ヶ岳（現滋賀県長浜）の戦い　羽柴秀吉が織田信長の正当後継者となる
1584	秀吉が延暦寺の再興を許す　小牧・長久手の戦い
1600	関ヶ原の戦い後，石田三成に代わって佐和山城に井伊直政が入る

	江戸時代
1604	井伊直継，直孝が彦根城築城
1802	琵琶湖周辺で大水害発生
1819	湖東で大地震
1850	井伊直弼が彦根藩主
1860	桜田門外の変

	明治以降
1868	大津県の設置
1872	大津県を滋賀県に改称。同年犬上（いぬかみ）県を廃し，滋賀県と合併
1923	江若鉄道：雄琴まで開通
1931	江若鉄道：浜大津～今津間が開通
1945	米軍が大津に進駐

1962	工場用水などで琵琶湖の汚染問題浮上
1964	名神高速の滋賀県内部分が開通。琵琶湖大橋竣工
1974	湖西線が開通

むすび

ここでは，地域革新の問題を考えるにあたり，地域社会の現状や地場産業としての温泉（地）の位置づけを取り上げた。次に，本書の目的は，前述のように，おごと温泉の再生に関する２つの疑問「おごと温泉はなぜ風評被害から脱却できたのか。なぜ企業家活動が必要だったのか」また「温泉旅館協同組合組織は企業家活動によってどのように変革されていったのか」を企業家活動の役割から明らかにすることにある。

次の章では，おごと温泉を蘇らせ，地域革新の駆動力となった企業家活動について，その考え方や特徴を整理することから始めてみよう。

【注】

1）「地域再生」と「地域革新」とは同義語ではないが，後者は地域の再生におけるイノベーション的役割をより強く意識したものといえる。しかし，場合によって両者の区分が難しい場合もあるため，本書では原則「地域革新」として統一使用する。また，第２次安倍内閣で使用する「地方創生」とは，総じて地域振興や地域活性化を意味するものと思われるが，政府による定義はなされていない（2014年９月２日，麻生太郎副大臣兼財務大臣の発言。金融庁ホームページ）。

2）民間研究機関「日本創成会議」分科会が2014年５月に公表したいわゆる「消滅自治体リスト」は国立社会保障・人口問題研究所（社人研）の将来人口推計データを基に算出された。「地方都市の立て直し」という課題の背景には「地方人口減少」と「東京一極集中」がある。過去の地域支援・活性化策は中央行政による交付金や助成金中心の画一的対応では，全く効果が上がっていない。「住みやすい地方」づくりには何をすべきか，再度見直しを迫られている。

3）山岸（2008）p.102，p.110，p.114

4）日本政策投資銀行地域企画チーム編著（2004）『実践！地域再生の経営戦略　全国62のケースに学ぶ“地域経営”』金融財政事業研究会 pp.２-６

5）長期債務残高＝普通国債残高＋借入金等の国と地方の長期債務残高。なお，国と地方の債務をはっきりさせるため，交付税特会借入金を地方債務に組み入れ，国の借入金とは区別し集計し，それに「普通国債」と「借入金等」を加えたものである。

6）「三位一体改革」とは2002年７月経済諮問会議によって決定された補助金削減，税源移議，地方交付税制度の見直しのための財政再建，地方分権のための構造改革政策。

7）「構造改革特区制度」とは実情に合わなくなった国の規制によって民間企業の経済活動や，地方公共団体の事業が妨げられている場合，地方を限定して改革することにより，構造改革を進め，地域を活性化させることを目的とする制度をいう。小泉政権の際に始まった「構造改革特区」，民主党政権により設定された「総合特区」（地域の産業を育成し，地域力の向上を目的とした「地域活性化総合特区」と，国際的な競争力をもつ産業を育てる目的の「国際戦略総合特区」の２種類）があり，どちらも現在も継続している。2013年安倍政権は，「成長戦略」の目的のために，新たに「国家戦略特区」を創設した。従来の特区との大きな違いは，規制緩和や排除の申請は各地方自治体から国に行われていたものが，「国家戦略特区」では，区域より出た提案を国が主導して方針を決めるもので，首相が議長となる諮問会議が設置され，国主導の色合いが強く打ち出されることになった（「内閣府地方創生推進室」HP 参照）。

8）金井他（2006）がいう「地域産業」と本書で使う「地場産業」とは同じ意味で使用。

9）「エコノ探偵団　温泉施設はなぜ減る？」日本経済新聞　2013年９月７日

10）「女性の旅行と情報収集についての調査」（株）JTB 総合研究所（調査時期：2014年５月７日～８日）に基づく結果発表の中で「行ってみたい国内旅行」より引用　http://www.tourism.jp/research/2014/06/woman-travel2/

11）吉澤清良（2014）p.37

12）同（2014）pp.36-42

13）「不易流行に対する代表的温泉地のリーダーの声」は以下の資料より要約。
阿寒湖温泉　大川富雄　「温泉地からの声」『観光文化』日本交通公社223号 Oct.2014 pp.14-15
有馬温泉　岩田一紀　「同」pp.20-21
由布院温泉　生野敬嗣　「同」pp.24-25
黒川温泉　北里有紀　「同」pp.26-27
桑野和泉　「百年の計，変わらぬ思いと進化する由布院」『観光文化』日本交通公社223号 Oct.2014　pp.10-13
金井啓修　「たゆまぬチャレンジの根底にあるまちづくりの精神」日本交通公社223号 Oct.2014 pp. 5 - 9

14）下平尾（2007）pp.10-13

15）澤田（2007）p.29

16）例えば，別府温泉と湯布院の関係を見ると，同じ大分県でも古くから知られている別府温泉は「豊富な湧出量を誇る日本有数の温泉地であり，『別府八湯』は，それぞれ泉質が異なりいろんな温泉を楽しむことができる」と紹介されている。他方「湯布院（由布院温泉）」は個性的な美術館，お洒落なショップやレストランが散在し，女性の憧れの地」として記載されている（「じゃらん　九州人気温泉ランキング」HP より）。

17）例外的な事例として，ゴールドマン・サックス・グループによる白銀屋（石川県加賀市／星野リゾートと合弁会社を通じて買収），古牧温泉渋沢公園（青森県三沢市，星野リゾートに運営委託）などは，他の外資系であるモルガン・スタンレー（東洋ホテル）やローンスター（ゴルフ場），リップルウッド（フェニックスリゾート）のようなホテル・リゾートへの投資と異なり，中長期的な観点から純粋和風旅館の再建に乗り出したケースである（四国新聞2006年6月25日朝刊，「資料　外資系企業による国内ホテルなどのM&A事例」ジェトロセンター2006年5月号　p.17）

18）例えば，鬼怒川温泉の再生支援の事例（山崎（2011），岩城（2006）　pp.7-27）参照。

19）従来，当地名は「雄琴」の由来を持ち，商標登録も駅名が変更される前の「雄琴温泉」となっているが，現在は同温泉組合の働きかけもあり，ひらがなでの使用を進めている。したがって本書でも本文中の地名以外は「おごと温泉」の名称で統一使用する。

20）温泉の特徴や効能については，例えば硫黄泉，アルカリ泉などさまざまな種類があるが，温泉間の競争優位を決定するのは天然の資源だけではない。本書では，これらの物理的な特徴や効能以外の要素を検討する。

21）本書で使用する「企業家」あるいは「企業家活動」とは，第2章で述べるシュンペーターが唱える「企業家」の定義に沿ったもので，非連続的な試みに挑戦する革新者あるいはその活動として使用している。

22）『わが郷土　雄琴の歴史を探る』pp.26-34より。

23）「雄琴古城跡」　相傳和田源内左衛門秀純の跡なりといふ。【明智軍記】にいふ雄琴の城には和田中務丞秀純と，【四海太平記】には雄琴の城主和田兵部少輔といふ。按ずるに秀純は佐々木六角高頼の弟，大膳太夫高盛が子也（『近江輿地志略巻之廿八』臣　寒川辰清編輯　p.336）。

24）滋賀院は，滋賀県大津市坂本にある天台宗の寺院で比叡山延暦寺の本坊（総里坊（そうさとぼう））である。滋賀院門跡とも称する。天台宗の僧天海が，後陽成天皇から京都法勝寺を下賜されてこの地に建立した寺である。滋賀院の名は明暦1（1655）年後水尾天皇から下賜されたものである。天海和尚以来，天台宗の管領宮，輪王寺（日光）宮の別室となり，皇子が輪王寺に下るようになった場合，まずこの院に入って修学し，また隠居する場合，ここに隠退された。雄琴の庄が管領の宮の直轄領となったのは明暦2（1656）年，徳川四代将軍家綱の時からであり，当時宮領として年貢米1千石のうち750石を上納していた。庄（むら）の入口には「従是南（北）滋賀院御領」との石柱が，南は苗鹿町との境界に，北は堅田衣川町との境界に建てられていた。なお，滋賀院御殿と呼ばれた長大な建物は明治11（1878）年火災により焼失し，比叡山無動寺谷法曼院の建物3棟が移されて再建された（『わが郷土　雄琴の歴史を探る』pp.46-50）。

25）魞漁（えりりょう）は琵琶湖一帯で行われている独特の漁法で，定置性の漁具を用いて行われる琵琶湖の伝統的な漁法。魚が障害物にぶつかると，その障害物に沿って移動するという習性をうまく利用している。傘状の大掛かりな仕掛けで，湖岸道路や琵琶湖大橋などから湖を見ると水面に棒のようなものが並んで見える。縄文時代末期から古墳時代にかけて東南アジアから中国・朝鮮を経て近江に伝わったとされている（『新 大津市史　別巻』p.356）。

26）「苗鹿の常夜燈」　苗鹿1丁目国道161号線から北國街道（西近江路）へ入る角に石造り大常夜燈がある。これは弘化4（1847）年に，伊勢講の1つ「苗鹿講」が，呼びかけ人となって寄進者をつのり建立したもの。基壇には，堅田，雄琴，和邇（わに），仰木など近郊の講元並びに講名が刻みこまれている（『新修　大津市史　北部地域　第7巻』p.378）。

27）「蛇ヶ谷の念仏池（旧温泉源）」　苗鹿2丁目の天台宗法光寺は，貞観5（863）年，小槻宿禰今雄が雄琴庄内に創建し，那波加神社の別当寺としたと伝えられる古寺。同寺境内の北辺に「蛇ヶ谷」と称する谷があり，霊泉が湧出していた。「念仏池」の底からは地下水が湧出し，池に浸かれば傷が治り，飲めば病気が治ったといわれ，念仏を唱えながら賽銭を投げれば願い事が叶うといわれた。また西近江路を往来する旅人の道中安全を守るともいわれ信仰されてきた。泉源のそばの塚上には，祠を建立し，現在は光喜竜神として祀られている（苗鹿2丁目）。なお，現在は湯量が少ないことから，雄琴温泉の泉源は大津市が管理している（『新修　大津市史　北部地域　第7巻』pp.368～369)。

28）『新修　大津市史　北部地域　第7巻』p.361

29）『滋賀県の歴史』巻末年表より抜粋

第2章

地域革新における企業家活動の役割

2.1　企業家活動とは何か

おごと温泉地の自己革新はなぜ可能だったのか。ここでは地場産業である温泉地が生き残れた要因を考える視点として企業家活動に焦点をあてる。老舗旅館として生き残ってきた背景には，長年にわたる地域独自の歴史的あるいは社会的な経緯を担った経営者としての活動のみならず，環境の変化に対応するために従来からの慣行から逸脱し，非連続的な試みに挑戦する革新者としての活動もあったに違いない。さらに，それらの行動が地域全体に広まっていった過程を考えるとき，個別旅館としての家業の承継に留まらず，地域革新の牽引的役割を担う社会企業家的な活動としての展開も併せて考える必要がある。

この章では，地域革新の担い手としてのミクロレベルの企業家活動とはどのようなものか，またその活動がどのようにメゾレベルにまで発展していくのか，その連続的な繋がりについて考えてみたい。

2.1.1　企業のライフサイクルとドメインの見直し

企業や組織は生物の進化と同様，組織を取り巻く周囲の環境の変化との関係性によって規定され，生存するためにさらに進化していく。すなわち，企業がドメイン[1)]を定義し，適切な資源を組み合わせ，自らの組織を変革させながら環境の変化に適応していくプロセスは，生物の進化プロセスにたとえられる。さらに，それらの企業や組織は静的な生態系で安住して存続しているのではなく，大きく進化あるいは衰退する，ダイナミックで熾烈な競争を繰り返しながら生存を可能にしている。

例えば，1990年代初めまでの欧米諸国における中小企業の生存や消滅に関わる実証研究によれば，企業の成長要因として「企業家／経営資源（Entrepreneur)」「企業（Firm)」「戦略（Strategy)」の３つの視点を挙げ，市場に合わせた資源の有効利用を重視している。市場に対する調整を最も頻繁に行う企業は，雇用や生存において最も成功している企業であり，他方衰退企業は，競争力を改善するために必要な方策をあまりとらず，質の向上や競争ドメインの見直しより，むしろコスト削減を重視する傾向が強い。そして，大企業のみならず中小企業にとって，事業環境への認識や適応の在り方（例えばドメインの変更）は経営成果に大きな影響を与えるが，それに沿った戦略やマネジメントの実現のためには独自の経営資源の所有と製品や市場に対する調整能力が不可欠である[2)]。

また，ベンチャー企業の観点からも，次のような意見も述べられている[3)]。起業家（新たに事業を起こすことに重点）が独自に事業構想のもとに創業して限定市場において商品・サービスの販売を始める「スタートアップ期」では，事業ドメインの選定や資源の組み合わせなどの事業計画の立案と実践が中心である。「成長期」を経て「安定期」（ライフサイクルでは成熟期に近い：著者注）に入ると，これまでの延長線上では大きな成長を望むことは困難になるために，ドメインの再定義によって「第２の創業」を図るなど，今までの成長路線から新たな発展の軌道に乗せるか否かが問われる。企業の成長維持のために，ドメインの再定義[4)]により新たな成長戦略を立て，新規ビジネスの創造に向けて独自の経営資源を活用することの重要性が問われる。

2.1.2　2つの企業家像　シュンペーターとカーズナー

企業の成長維持について，ドメインの役割の他にイノベーションを起こす企業家の役割についても考える必要がある。企業のライフサイクルを考える時，標準的なパターンにみられるような成熟化へのゆるやかなカーブを描くことなく，成熟化の直後に急速な衰退がやってくる可能性も否定できない。あるいは，老舗事業の継承の場合でも，従来からの慣行を守るだけでは生き残りは不可能に近い。そこでは伝統や歴史的経緯を守りながらも企業家としての新たな活動を続けなければならない。

歴史的にみても事業の成長期間や成長率には限界があり，特定の事業が長期間成長を続けることは困難である。将来おこりうるさまざまな状況変化にも対応できるためには，長期的な成長を能動的に実現する原動力としてのイノベーションや新規事業への積極的な取り組みが不可欠であり，新事業の創造を通じて事業の新陳代謝を行わなければ，企業の永続的な成長は望めない[5)]。

それでは，伝統や歴史的な慣行から離れ，新たなイノベーションを引き起こす原動力となる企業家活動の特徴や性質について，その骨子をまとめてみよう。ここでは主として山田（2013a）に沿って整理してみる。

ドラッカーは，企業家精神とは「気質ではなく，行動」であり，「すでに行っていることをより上手に行うことよりも，全く新しいことを行うことに価値を見出すこと」であり，企業家の責務とは，（シュンペーターが明らかにした）『創造的破壊』」であると述べている[6)]。

そこで，まずヨーゼフ・A・シュンペーターの唱える企業家活動によるイノベーションとしての「新結合」の内容から挙げていこう。彼はその定義として「（イノベーション）とは，その体系の均衡点を動かすものであって，しかも新しい均衡点は古い均衡点からの微分的な歩みによっては到達できない」，つまりシステムの性質を変えなければ解決できないような不均衡をつくり出すような変化を意味している。具体例として，郵便馬車を何台つなげてみても鉄道にはならないという例を挙げる。

つまり，イノベーションといえるほどのものにするには，馬力を機関車のエンジンにかえる技術的な「新結合」と輸送における新市場の創出を伴う，当時の経済における「場所と時間」の観念を変える非連続な革新が必要であるとした。

彼によれば，企業家とは「新結合の遂行を自らの機能とし，その遂行に当って能動的要素となるような経済主体」[7)]である。そして，企業家が「新結合」[8)]というイノベーションを通じて創造的破壊をおこし，資本主義経済の軌道を内側から変えていくことで経済発展は実現する。

つまり，非連続的に現れる「新結合」を遂行することが，「革新（Innovation）」なのである。さらに，重要なことは，企業が既存の慣行を越える何かを企業家が行う場合を「創造的反応（creative response）」と呼び，単に既存企業の定常的な経営による拡張などの場合の「適応的な反応（adaptive response）」と区別することで，企業家活動と創造的反応を密接に関連づけている点である[9)]。

しかし，現実の社会では，世の中を大きく変えるイノベーションを遂行する劇的な革命家のような人材は極めてまれな存在であるといえよう。むしろ革新者としての企業家として，最近では例えばIT関連分野やバイオテクノロジーの分野の企業家が該当するのかもしれない。市場全体の規模や内容でなくとも，むしろ誰も気づかなかった小さな変革を従来の常識にとらわれずにそれに素早く気づき，新たな結びつきによって企業の成長の機会を見出すならば，それも市場における新たな価値を生み出す企業家の革新的な活動と捉えることもできる。

シュンペーターが，企業家を「均衡の眠りから市場を目覚めさせ，混乱を引き起こし，不均衡を生じる先駆者」として捉えるのとは対照的に，イスラエル・M・カーズナーは，企業家活動の本質を経営資源の動員に関わる意思決定の機敏性や柔軟性に求めた。

企業家活動は日常性と決別するものではなく，「あるものの真の市場価値がこれまで一般的に認識されてこなかったものを，市場が過小評価してきたということを発見」し，「市場価値の存在を実現する」ことを意味する[10)]。また彼は企業家的な発想と模倣者によるイノベーション活動（それは例えば製品やサービスを単にまねることによるのではなく，何らかのオリジナリティを伴う発想や行動によって，新たな付加価値を生む活動）も含めて企業家として認める。そして企業家活動が停止するのは，模倣活動による収奪的な価格競争によって総ての利潤機会が巧みに絞り取られるような場合である[11)]。

上記のような企業家概念を「企業のライフサイクル」の視点から捉えてみると，新しい事業の導入の時期においては，シュンペーター的な企業家活動によって新しい事業が創造される。次の段階では，新しい事業によってもたらされた事業機会に機敏に対応する多くのカーズナー的な企業家活動によって，事業の成長が実現する。やがて事業が成熟期に入ると，定常状態になり，再びシュンペーター的企業家活動による発展の契機が要請される。つまり，シュンペーター的企業活動とカーズナー的企業家活動が連鎖して生じることによって，経済発展がもたらされると考えることもできる[12)]。

なお，シュンペーターは企業家の役割の中には本来リスクを取ることを入れていなかったが，企業家の果たす重要な役割として革新性（innovativeness），能動的な行動姿勢（proactiveness），リスクテイキング（risk-taking propensity），の３つの要素を挙げ，これらは組織の発展や変化に不可欠な要素としている[13)]。すなわち，企業家活動の具体的な特徴としての企業家的志向性（経営者の姿勢）を充たすのが上記３条件であり，これらは相互関連性が強い。革新性とは斬新な事業アイディア，新たな領域への挑戦姿勢であり，能動的行動姿勢とは積極的に事業機会への主導権を握り潜在的な顧客ニーズを探ること，そしてリスクテイキングでは，不確実な状態の中での経営資源の投入を意味する。

この企業家的志向性の有無が，特に中小企業のイノベーションへの取組み姿勢に現れるのであり，前節で述べた企業存続のためのドメインの再定義に繋がっていく。

さて昨今では，個々の企業家活動が企業の規模にかかわらず，地域社会に対する責任や活性化にまで広がりを持つことに注目が集まっている。最近の事例でも，伝統的陶磁器産地における先駆的な企業家活動が次第に産地全体を巻き込む活動になり，やがて産地全体の活性化に繋がったとする研究もある[14)]。つまり，個別の企業家活動がさらに地域全体レベル（メゾレベル）に広がっていくケース，例えば地域のクラスターや地域ネットワークによって街づくりを進めるような新たな動きが注目されるようになってきた。

次節では，ミクロレベル（個別）での新しい企業家活動が，メゾレベルにおいて他の少数の企業活動を刺激し，さらにますますカーズナー的な企業家活動をも引き起こすことによって，マクロレベルの経済発展に繋がっていくまでの展開の論理を考えてみる。

2.1.3　地域革新に繋がる企業家活動
〜企業家から社会企業家[15)]へのダイナミクス〜

(1)　社会企業家活動による「プラットフォーム」の構築

まず，地場企業とは「本社を特定の地域におき，主としてその地域の多様な資源を活用したり，その地域独自のニーズを持つ製品サービスを提供するなど，地域に立地する優位性を生かしている企業」と定義される。また，その企業の特徴は，①地域ニーズを発見し，これまで満たされていなかった地域の潜在需要を掘り起こし，地域ニーズに柔軟かつ細やかに対応する，②地域資源の活用，③ネットワーク創造（活用）による連携，などであり，いわば中核企業として地域の多様な問題を解決し，経済的にも，社会的にもそして文化的にも豊かな地域へと導いていく役割が期待される[16)]。

それでは，なぜ個別の地場産業が地域全体の活性化の役割を担うことを期待されるのだろうか。その理由の１つとして，最近の企業家活動で注目されるのは地域との共存であり共創であり，その活動領域は企業領域だけでなく，教育，福祉，行政などの社会領域にまで広まっていることにある。つまり従来の個別営利企業としての企業の活動だけでは限界があるため，企業や他の組織，団体間でネットワークを組み，社会的問題に対して積極的に対応する動きも現れてきている。例えば，阪神淡路大震災時における当時のダイエーの緊急対応はまだ記憶に新しい。最近では，スーパーやコンビニの活動として，買い物弱者に対するサービスの提供などが定着してきており，さらに災害時の緊急物品提供や子供たちの安全避難場所としても，社会的に受け入れられるようになってきた。

このような社会的な活動に貢献する企業家を，社会企業家あるいは市民企業家[17]と名付けている。彼らは，個々に存在する産業界，大学，行政，地域住民といった多様なグループや組織間の溝を埋め，連繋を促進する触媒的役割を果たすとともに，一定の方向に向けてリードするところに地域コミュニティにおける市民企業家活動としての意義が存在する。

本来このような多様な能力や，影響力を一個人，一企業のみが持っていることは稀で，むしろ，これらの企業家がチームを形成することが不可欠であり，人びとの協働のための連携の場，「社会的プラット・フォーム」[18]の形成を心掛ける。まさに，このような組み合わせは，シュンペーターが唱えた，イノベーティブな企業活動による新たな結合にあたるといってよい。

以上の趣旨を踏まえ，当初の問題である「ミクロレベルの活動が，なぜマクロ（あるいはメゾ）レベルにまで至るのか」に対して以下のように説明できる。社会企業家，あるいはコミュニティや地域の再生にかかわる場合は特に市民企業家ともいわれるが，その特徴は個別企業の枠を越え，地域社会との相互作用においてリーダーシップを発揮し，さらに企業間では新たなコラボレーションやネットワークをも形成するところにある。

その場合，企業や事業の創業・創造を行う企業家活動「企業家活動Ⅰ」と，イノベーティブな仕組みや社会的プラットフォームの形成を行う企業家活動「企業家活動Ⅱ」を明確に区別することに留意しなければならない。本書では，企業家活動として従来からの活動のみならず，こうした地域ネットワークづくりのための社会的プラットフォーム構築に向けて貢献する社会企業家的な活動（上記でいう「企業家活動Ⅱ」）に注目する。なぜなら，「企業家活動Ⅱ」の動きが活発になり，重層化していくことで，将来創発的な「企業家活動Ⅰ」に繋がっていくことが予想されるからである。本来，企業家活動Ⅱにおける地域や組織間ネットワークは弱い紐帯であるが，社会的企業家らは能動的に相互の信頼関係の構築のための火付け役的役割を果たしていくところにその特徴がある。

図表6：企業家活動の連鎖

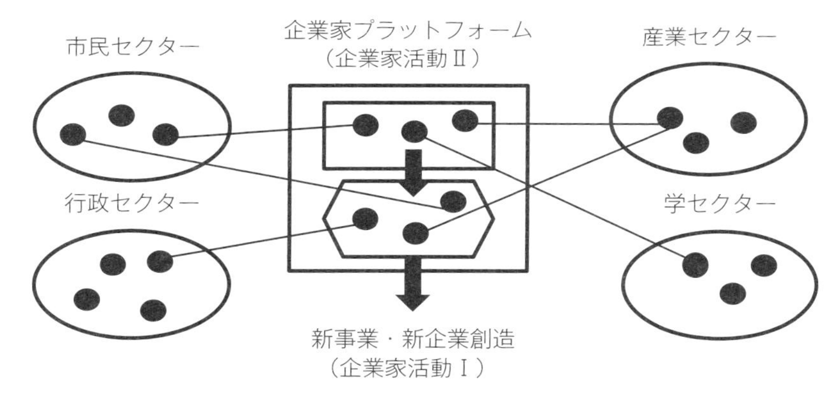

出所：金井（2012）より引用。一部筆者加筆修正

（2）「戦略的社会性」を意識した企業家活動

ミクロレベルでの企業家活動がメゾレベルで社会企業家としての特徴を持ち，社会的プラットフォーム構築のための役割を担うにつれ，基盤としての営利事業としての企業活動もしっかり維持しなければ，両方の活動を維持できないことになる。つまり，営利性と非営利性の両方を兼ね備えた「戦略的社会性」の必要性も勘案されていくことが肝要となる[19)]。

従来社会的活動とは主として非営利的な組織活動（NPO活動や企業のCSR運動）として考えられてきた。しかし，地域での企業活動が重視されるに従い，ソーシャル・ビジネス（経済産業省（2008））として認識され，単に営利を追求するのみならず，当該企業の地域や社会貢献度も考慮すべきという，いわゆる「ダブルボトムライン」[20)]を考える必要が出てきている。

今後,「営利活動としての企業家活動」から「非営利活動としてのコミュニティ活動」までのライン上の中間地点に現代的な事業機会の切り口が存在し，さらにその切り口を，適切な事業機会の仕組みに置き換えることが戦略的社会性を意識した企業家としての活動といえよう。社会問題に取組む意欲に留まらず，収益性の確保や組織の継続性が営利面・非営利面の両サイドから求められるのであり，その役割がますます大きくなっていくことが期待される。後述するように，おごと温泉での地域革新ができた要因として，こうした社会企業家的な活動を若い世代の後継者たちが担ったことが挙げられる。

本節では，前半部分でミクロレベルの企業家活動が，どのように連鎖活動となって拡散し，やがてメゾレベルでの動きとなって，地域全体の革新に繋がっていくのかを考えてきた。その際に注目すべきは，社会企業家といわれる人びとやグループによる社会的プラットフォームの構築であり，そこでの連繋活動であった。それは，シュンペーターのいう組織の新結合といってもよい。

おごと温泉の場合でも，先人たちの企業家活動が一時的活動で終わる可能性があったにもかかわらず，協同組合組織を通じて大きく進展できたのは，先人たちの企業家活動のフォロアーである若い後継者による意思の継承であり，地域住民を含めた社会企業家的な行動展開があったからといえる。

ヤマト運輸の「まごころ宅急便」

高齢化と過疎化が進む地方として岩手県盛岡市西和賀町での話をご紹介する。岩手県のヤマト宅急便が始めたサービスの１つに「地域の買い物代行」と「高齢者の見守り」がある。きっかけは，親しかった高齢者の孤独死に直面したことにはじまった。

仕組みは，社協（社会福祉協会）に登録した高齢者が何か買い物をしたい時，社協あてに「＊＊が欲しい」といった買い物の注文をすると，その注文をもとに，スーパーマーケットなどが商品を用意し，ヤマト運輸のセールスドライバーが集荷して，顧客の自宅に届ける。セールスドライバーは配達時に健康状態などを伺って，社協に情報を送り，何か問題があれば社協が対応するという連繋システムである。

岩手県をはじめ過疎地域では路線バスの廃線が起こりうるが，路線バスは高齢者にとって貴重な買物の足となっている。そのため，路線バス会社と協働し，路線バスに宅急便の荷物を積み，一定の区間を走ることで，バス会社は路線を維持でき，一方でヤマト運輸は配送時間の短縮により集荷時間が延長できるなど，サービスの向上に繋がるという。

このような取り組みは現場での原体験が基本にあるが，それが会社内で共感を生み広がることによって全社ベースで認知され，やがてさまざまな組織や団体との連携が生まれることになった。つまり，たとえ最初の経験が小さくとも，その強い想いが共感を生み，一企業内に留まらない動きとなって，地域の連繋を生み，その結果として社会的な課題解決に繋がっていく。

しかし，同時に留意すべきは，このような社会性の高い仕事の場合の収益性の問題もある。ソーシャルビジネスの場合，受益者負担ができないことが多いため，サービスを受け受益者負担のできる一般的なユーザーとサービスを受けても，受益者負担が出来ないクライアントとの棲み分けが原則必要であるかもしれないが，そうした活動に社会的価値を認めたり，あるいは創造的破壊というイノベーティブなビジネスの機会を生みだすところに営利性と非営利性の両立するビジネスチャンスがありうるのではないだろうか。

（ヤマト運輸 HP　http://www.yamato-hd.co.jp/news/h24/h24_39_01news.html，あしたのコミュニティラボHP　2015年12月３日　http://www.ashita-lab.jp/special/6022/　より）

さて，地域革新を進める上で他の要因として忘れてはならないのは，主役としての企業家並びにその後継者たちが地元の老舗旅館というファミリー企業（同族経営，家族経営）だということである。総じて老舗企業の場合，何代も家業を承継しているが，事業者にとって単に家業を引き継いだだけでは，長寿企業として生き残りは難しいに違いない。いわんや，地域が活性化するまでには，能動的な企業家としての活動があり，同時に後継者としての実績があったからこそ，同地域で存在価値が認められてきた。つまり，自律的な企業家としての実績が認知されてはじめて，当該地域での新たな事業開拓の正当性や社会的存在が認められたのである。次にこれらの老舗企業が持ついくつかの特徴を，事業の継続，地域革新の人材育成，さらには老舗企業にみられる連帯意識の視点から考えてみる。

2.2　老舗企業の企業家活動

2.2.1　老舗企業の特徴と行動論理

日経ビジネス誌では「会社の寿命：企業の繁栄はたかだか30年」であるとしたのに対し[21)]，二代目以降の経営者による倒産が年々増えており，そのため「後継者の育成が重要である」という指摘がなされている[22)]。つまり，事業承継を円滑に解決できるか否かが，企業の発展に極めて重要な意味を持っており，したがって老舗企業の定義でもある100年以上存続している長寿企業とは驚異的といわざるを得ない[23)]。

その長寿企業にみられるのは，事業承継において伝統を守ると同時に「第２創業」としての能動的な経営姿勢である。事業の承継とは単なる伝統の継承ではなく，新たな付加価値をつけるための革新への挑戦者として，「能動的」「革新的」「リスクテイキング」などの企業家的志向を求められる。新事業の創造を通じて事業の新陳代謝を行わなければ，企業の永続的な成長は望めないといえよう。

このような老舗企業の経営の特徴について，以下の２つが挙げられる[24)]。

（1）　不易流行

老舗の経営はコマに例えられる。コマは芯棒がしっかりと支えていない限り遠心力に振り回され，反対にスピードが弱ければ，コマはすぐに倒れてしまう。ここでいう芯棒とは老舗の「家訓」「経営者のリーダーシップ」を伝承することであり，老舗経営の求心力を示す。他方遠心力とは絶え間ない革新であり，イノベーションを指す。この両者がバランスするとき，企業の成長と安定は維持される。このことは松尾芭蕉が唱えた「不易流行（ふえきりゅうこう）」（不易とは時代が変わっても変化しない本質であり，流行とは時代とともに移りゆく事象）に通じるものがある。

（2）　先義後利

老舗にとって客や取引先を含めた三方（売り手，買い手，世間）を同時に満足させるには，信用を得る，透明な経営（掛け値なし），自律性（顧客との関係は常に対等であり，特定の顧客に依存することなく，取引先を厳選した上で親密な関係を構築する）ことが大切である。このことは，地域社会との共存を意味すると同時に，「会社は社会の公器」との考えを背景にした企業のステークホルダーのみならず，地域社会への貢献をすべきとの考え方にも通じる。しかし，このような老舗も，伝統ゆえの慎重さや，行動力の弱さをも併せもつことも否定できない。特に日本の老舗企業は全体のその約７割（公開・上場を除く中堅・中小の老舗の場合さらに多い）が同族経営である。

2.2.2　後継者の事業承継と人材育成

中小小売業の場合，「家族従業」という独自形態が生き残った背景として，「家族従業」には「家族への使命感」「家業への誇り」「共有された生活の場（地域住民との社会的な連帯の場）」など社会制度と経済プロセスとの結節点としての位置づけがある。さらに家族従業による商店経営には「家族としての生き方や家族の歴史」があることから「（共有された場である）市場」からの退出が抑制されると考えられる。つまり，欧米社会での商店経営は，商店主個人あるいは一世代ビジネスでしかなく，家業でも天職でもない。それに対し，わが国での家族を根本的に特徴づける家族の「所有規範（財産の共有意識）」や「精神的紐帯」が根強くあり，また個人主義が徹底しているわけでもないことから，世代をつなぐ直系意識はなお強いといえる。すなわち家業意識こそがもっとも根源的な価値である[25)]。

長寿企業存続の歴史を学ぶ意義としては，「老舗企業が存続できているのは，事業の承継，すなわち後継者の確保・育成と，後継者への事業の引き継ぎがうまくいっている」ことの証であり，言い換えれば，「老舗においては，事業承継に伴う課題をうまく克服しているのかもしれない」と考えられている[26)]。

このように後継者人材の育成と確保の問題は，企業が存続する条件として避けて通れないが，「そもそも任命されるに値する人材」を「外部経営者から有能な人材を獲得することは至難の業である」ため，「経営者を内部で育成する重要性は変わらない」が，時間がかかると指摘されている[27)]。

「同族経営に最適であるのは，中堅以下の規模で専業の度合いが高く，その事業に長期的な視野が特に求められる場合であり，こうした企業規模，事業範囲であれば，創業家出身者をきちんと教育することで，それなりの目配りができる経営者を養成できる可能性は高まる」のであり，同族経営の企業規模と経営者育成とは密接な関係にあると考える。「こうした（創業家出身）人材が，子・孫の代を見据えて企業経営に従事することは，多様な利害関係の利益に貢献しうる」のであり，同族企業の後継者問題に積極的な意義を見出している[28)]。

現状からみても「オーナー企業」について以下のような意見もある。「日本企業の99%，雇用の70%を占める中小企業のほとんどがこの（オーナー型企業　筆者補足）類型」であり，「日本は実質的には，ファミリービジネス経済の国」なのである。「このモデルにおいて，会社が凋落するのは，概ね２つのパターン」がある。「１つはオーナー経営者が衰え，誤った経営判断を繰り返したり，あるいは公私混同で腐敗したりして会社が衰退するパターン」であり，もう１つは「オーナー一族の内紛で，経営が置き去りになり，会社が衰亡していくパターン」とされている。いずれにせよ，これらの問題が出てくる背景に，後継者に有能な人材が得られないという事情が多いからとも思われる[29]。

以上からいえることは同族企業における事業承継の問題に関しては，

① 日本の中小企業のほとんどが同族企業またはオーナー企業であり，企業の生き残りには重要な意味を持つ

② 後継者として任命に値する人材を外部から獲得するのは至難の業であるため，内部で育成する方がよいが，時間がかかる

③ 中規模以下の企業では，創業者出身者をきちんと育成する方が目配りの利く人材を養成できるのであり，また利害関係者からも受け入れられやすい

④ 企業が凋落するのは，経営者の判断力などの衰えの場合か，あるいは一族の内紛のため経営が顧みられない場合である

⑤ 同族企業での事業承継の問題では，早くから後継者を決めるか，または事前のルールを決めるべきである

ということになる。

おごと温泉における事業承継でも，上述のケースに該当する部分があるが，彼らの場合，当初から老舗旅館の後継者として考えられていたにもかかわらず，実際の事業承継に至るまでの道のりは平易ではなかった。最終的には，先代の経営力の衰えに対し，後継者自身の積極的な意思表明による権限移譲がなされることで決着したのである。

2.2.3　老舗企業にみられる連帯意識

老舗企業は多くの場合，世襲企業である。世襲企業における後継者はいわば家業から逃れられない宿命的な事業承継の一面を持っている。本書で取り上げるような温泉旅館という地場企業の場合，いつも順風満帆の状況にあったとはいえず，過去あるいは現在において組織的な低迷や衰退を経験しているのではなかろうか。そのような浮沈のある状況の中で旅館同士は宿命ゆえの競いあい

ばかりでなく，逆に同業者間の切磋琢磨を通じて連帯感を持ち組織や地域の活性化にいたることもあり得る[30)]。本節では，ある主体が機能不全のために弱っている場合，「（弱っている主体を）出来るだけ多く，社会がうまく機能するのに必要な行動へと引き出す力が当該社会の内部から生みだされなければならない」と述べたハーシュマン（2005）の概念を，おごと温泉の協同組合活動の自己革新に援用することを考えてみたい[31)]。

経済学の分野では，企業が市場での競争に敗れ，組織が低迷に陥った場合，営利企業なら市場から「離脱」あるいは「撤退」を考える。他方，家族，部族，教会，国家といった生まれながら逃れられないことが決まっている人間集団の場合，離脱は全く不可能ではないにせよ，通常は考えられない。むしろ個人が不満を表明する主な方法は，何らかのやり方で自らの「発言」に注目させることである[32)]。たとえ離脱が可能な場合でも，組織に留まるのは，組織における自らの影響力を考えての行動と考えられる。

特にある組織にかなりの愛着を抱き，停滞する組織を「正しい軌道に戻す」と確信できるメンバーなら，組織に対する「忠誠心」が強い。その結果，離脱より組織内での発言を活発化させる。

たとえ組織における自らの影響力がない場合でも，個々のメンバーが忠誠を維持し，事態を改善するために誰かが行動する，あるいは何かが起こると期待できる場合は，その忠誠心は維持される[33)]。しかし，いくら一人だけの忠誠心やコミットメントがあっても「声なき忠誠心」のままでは組織変革は起こらない。

これが組織や団体からの離脱とならず，むしろ内なる「発言する忠誠心」にどう変わるか，さらには忠誠心を持ったメンバーが組織の中でどのように共鳴しあい，さらなる発言を促し，組織全体のパワーに変っていくのかが，企業家活動が組織内メンバーの連帯へつながっていく上での鍵となる[34)]。

地場産業として生き残ってきた温泉地には，長年培われた歴史や社会的な慣習や慣行が存在する。このような地元での家業の承継には，逃れられない宿命ともいえる環境の中で，革新性，能動性，リスクテイキングなどの企業家的志向性を発揮することは難しいといわざるを得ない。おごと温泉はいわば世襲ファミリー企業の個別の集まりであったにもかかわらず，地域全体の活性化にまで至った背景として，①「後継者」という離脱できない立場から生まれた擬似家族的な協同組合組織への忠誠心の存在，②メンバー間での競い合いであると同時に互いの忌憚のない発言の中で芽生えた信頼感と連帯感が，既存の慣習あるいは社会環境の変化に対応していく原動力となった，と考えられる。

次に先人たちの企業家活動が，どのように次世代の後継者たちに受け継がれ，さらに彼らがどのようにして協同組合組織のパラダイムを変革していったのか。言い換えると従来からの日常の行動原理をなぜ変えることができたのか，その点について組織の変革における企業家活動の役割を中心に考えてみよう。

2.3　組織の変革と企業家活動

前節（2.1，2.2）では，企業家活動について一般的な視点（いわば組織の外部）から考察したが，ここでは組織変革における企業家の役割について，組織内部の変革のプロセスに焦点を絞って考えてみる。具体的には，組織のパラダイムは組織内でどのように形成され，また企業家活動によってどのようにパラダイムが変化し，新たな日常行動へと反映されていくのか，を考えてみたい。

まず組織の動き方についての事例の先行研究を１つ示そう。陶磁器産地の信楽は，1955（昭和30）年頃に電気，ガスや暖房機器の普及で産地の特産品である火鉢の需要が激減した結果，生産基盤を崩壊させる劇的な環境変化に見舞われ，急激に衰退していった。そのような中で，新たな品目や生産技術の導入を先導した窯元の企業家活動とそれに続いた自律的な窯元の活動の集積によって，産地の自生的な変化を生み出した結果，産地の生き残りが図れた。この例では，地域の文化や慣習を変えるには，窯元の能動的な企業家活動による先導的な行動が組織パラダイムの変革を起こすきっかけとなり，さらに先人を手本とした追随者たちの日常的な行動の集積がやがて地域全体のパラダイム変革を導くことになったことを示している[35)]。

つまり環境の激変に伴い組織変革の必要性に迫られた場合，従来からの組織の日常行動パターンはたやすく変更できない。それを打破するには先駆的な活動をする企業家の存在が不可欠であること，またその活動を手本とした追随者たちによる連続的な活動の集積によって，組織全体の行動原理が変化し，地域の生き残りに成功したこと，と要約できる。

2.3.1　組織におけるパラダイムとは何か　なぜその変革は難しいのか　～環境変化に対する組織の認識の違いがイノベーションの発端となる～

ある状況の変化に対する認識の違いが，その後の組織の行動に大きな違いをもたらすたとえがある。ここにコップの中に水が半分入っているとしよう。ある人は「コップに半分水が入っている」と認識し，現状に対するそれ以上の行動を起こす必要性を感じない。他方，別の人は「コップの半分しか水が入っていない。残りの半分は空である」と認識することで，あるべき姿とのギャップを感じ，そこから新たな行動に移していく。このたとえは，人々の認識が「まだ半分は入っている」からまだ新たな行動を起こすまでには余裕があるとみるか，あるいは「すでに半分は空である」と認識することで新たなイノベーションの機会が生まれるかの違いが起こることを示している[36)]。つまり，状況の変化に対する認識の差が，さらには組織の行動の差となり，パラダイムの変化に繋がっていくといえるが，その認識の差が起こる要因はどこにあるのだろうか。

環境の変化や戦略の転換に伴って企業や組織内の人々の行動が変わるためには，単に組織構造や人事評価などの制度面のみの変更だけでは思うような結果にならないことが多い。その原因としては，目に見えない組織成員に共有された価値観や行動規範となる共通知識体系としての「組織文化」（あるいは「パラダイム」）の存在がある[37]。

パラダイムという概念は，もともと科学発展の歴史研究の中から生まれてきたが，この考え方を一般企業組織にも応用する。すなわち企業を「パラダイムを共有した人々の集団」として捉え，このパラダイムを通じて組織独自の世界観，言い換えれば組織に共通な価値観を創りだすことで，組織内の意思疎通をはかる[38]。以下，パラダイムについての特徴をいくつか挙げてみよう。

① パラダイムの体系は以下のような「入れ子構造」となっている。

図表7：パラダイムの構造―3つのレベルの相互関係

A：基本的なメタファーに表現される世界観		
正当化・創造	⇅	妥当性の維持・体現・伝承
B：日常の行動理論・規範（≒組織文化）		
正当化	⇅	妥当性の維持・体現・伝承
C：見本例		

出所：加護野（2011）p.110より引用。一部筆者加筆修正

● A　形而上的パラダイム（基本的「メタファー（隠喩）」の集合体。狭義のパラダイムという）：
組織の内界・外界についての世界観，イメージをいう。例「企業とは家族やイエのようなもの」

● B　「日常の行動理論」（組織の構成員がさまざまな状況でいかに行動すべきかを具体的に示す原理・規範）：
「日常の行動理論・規範」といわれる体系化された実践的知識（≒組織文化）は，スキーマ（心的表象）の集合体[39]と考えられる。そのようなスキーマは，一方では組織外の現象を理解しやすくするが，他方では

新しい情報の取り入れに対し制約逆機能を持つ。

- ●C　具体例・見本例：

  具体的レベルによる実体のある表現が用いられる。

② パラダイムは，「日常の行動理論」の前提となる。

パラダイムは人びとの思考のいわば準拠枠であり，不確実で曖昧な状況における羅針盤としての機能を果たす。すなわち，外部から得られた情報からメタファー（隠喩）を通じて対象をイメージし，意味を引き出し，理解を集約することで，パラダイムをつくりあげていく[40)]。しかし，「日常の行動理論」は抽象的なパラダイムによって遂行されるのではなく，常に具体的な視覚化を伴った「見本例」を利用することで概念や問題が理解され，正当化される[41)]。

③ なぜ「パラダイムの変革」が難しいのか[42)]。

ⅰ）人々の内面に深く刻まれ，日常の具体的な行動規範となっており，表面的な概念の変更では容易に変えられない。そのため，パラダイムの有効性が低下しても，容易に認識されず，パラダイムは固定化される。

ⅱ）パラダイムの変更のためには，実体のある「見本」の提示と，同時に実際に成果を生むことで組織メンバーが納得するものでなければならない。

ⅲ）新しいパラダイムが提示されても，異なったパラダイム間での論理的説得は困難である（共約不可能性）。

ⅳ）組織内での政治的混乱を生じる。新しいパラダイムに代わるには，政治的な権力交代が必要である（例えば，M&Aによって新たな企業文化が持ち込まれる場合，単なる契約上の合意だけでは多くの場合従来からの企業文化との摩擦が生じる）。

したがって，人々の意識改革を呼び起こすには，トップが状況変化を認識した上で，自らの主導による変化促進か，ミドルによる創発的な行動による変化が考えられるが，現実にはこの両者の組み合わせで相乗的効果を考えていく場合が多い。トップによる組織への「ゆさぶり」（変化の土壌づくり）

→ミドルによる行動実績による突出と手本の提示（問題の直視と創造的アイディアの掘り起こし）→変化の渦の増幅と制度化→ドメインの切り口の転換（新パラダイムの確立），の一連の行動が必要となってくる（トップの戦略性とミドルの創造性の相乗効果）[43]。

2.3.2　企業家活動とパラダイムの構築

パラダイム構築における企業家の役割は「新しい知識や情報を創造することにあるのではなく，それをもとにして新たな知識体系の基本構造をつくり出す」ことにあり，企業家的活動とは「いくつかの革新を通じて新たな事業パラダイムを創造する能動的な活動」と定義できる[44]。つまり，企業家活動の本質は，組織内のさまざまな知識を再編し新たな行動原理を構築するために，従来のパラダイムを転換したり，新たなパラダイムを創造することにある[45]。

下図（図表８）で示すのは，パラダイム創造のための行動のプロセスを示したものである。その概要は次のようになる。

- 「意味→行為」：ある状況を解釈した意味を新たな行為を通じて表現
- 「行為→情報」：行為（環境への働きかけと環境からの応答）を通じて新たな情報を入手
- 「情報→意味」：入手した情報の持つ意味を解釈

図表８：パラダイム創造のサイクル

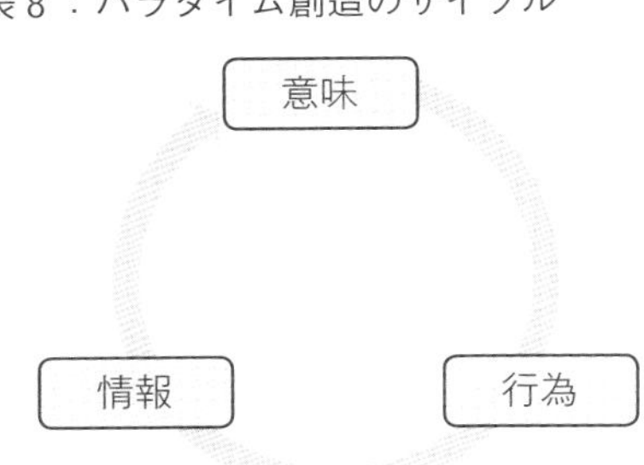

出所：加護野（2011）p.169より引用

しかし，すでに述べたように，一度構築された既存のパラダイムは容易には変えられない。新たなパラダイム創造のためには新たな企業家の登場が必要となる。企業家活動は以下のようなパラダイムの転換のプロセスを踏んでサイクルの流動化[46]を進めていくことになる。

① 既存のパラダイムの拘束力が強い時，「行為→情報→意味」のサイクルは固定化する（組織の慣性）[47]ため，当該パラダイムの活性化のためには，企業家による新たなパラダイムのサイクル（行為→情報→意味）の流動化が必要となる。その場合の原動力となるのは，企業家の現状への強い否定であり，懐疑である（「コップの水はまだ半分もある」とみるか→楽観論からくる環境変化の見過ごし。「コップの半分はまだ空だ。だから残りを満たすには何をしなければならないか」とみるか→環境変化に対する柔軟かつ能動的な対応をとる）。

② パラダイムの転換によって新たな事業機会がもたらされても，経営資源の不足や人々の無理解・抵抗という障害が存在するため，パラダイムの定着には時間とコストがかかる。不安定なプロセスを乗り切るためには，緊張が続く中での試行錯誤的な反復学習が必要である。

③ 企業家が変革プロセスを遂行するには，当人の心理的なエネルギーを持続させるために，組織内では企業家活動に対するさまざまな干渉を極力抑え，その活動の自律性を認容する姿勢が必要である[48]。

以上の先行研究を次章の事例を先取りして，援用してみよう。当時のおごと温泉を支配していたのは，風俗歓楽街の地域，団体専門の温泉地，など他の温泉地に比べるといわば「はぐれ犬」的存在感であった。しかし，２人の企業家の戦略的なゆさぶりや企業家的活動による成功体験に対し，若手後継者たちは地元活性化の手本として見守っていた結果，従来の楽観的な対応から次第に自らの旅館経営のドメインの見直しを粘り強く，創造的に進めていったのである。

むすび

まず，2.1では，ミクロレベルの企業家活動が，どのように連鎖活動となって拡散し，やがてメゾレベルでの動きとなって，地域全体の革新に繋がっていくのかを考えてきた。その際に注目すべきは，社会的企業家といわれる人びとやグループによる社会的プラットフォームの構築であり，そこでの連繋活動であった。それは，シュンペーターのいう組織の新結合といえるものである。次に2.2では，老舗企業における事業承継における企業家の役割，ならびに世襲企業であるがゆえの宿命的ともいえる競合と連帯の実情，そして2.3では組織変革における企業家の役割について先行研究に焦点を絞って解説した。

第Ⅱ部の雄琴温泉の事例では，本章で示した先行研究の考え方を適用することで，冒頭に述べた2つの問題の分析に取りかかろう。

【注】

1）エーベル（1984）は活動領域，生存領域，事業領域を表す「ドメイン」を次のように定義する。企業は発展する段階でライフサイクル的なプロセスを踏むが，同時に各段階で全体戦略としてドメインを選定し，事業コンセプトや資源の適切な組み合わせなども戦略の立案をする。単独事業の場合，全社ドメインと事業ドメインは一致するが，異なる場合は具体的な事業戦略として「顧客層」「顧客ニーズ」「技術シーズ」の3次元の観点から事業ドメインを決定する。

2）ストーレイ（2004）は，中小企業が生存するための企業家の重要な能力として「荒海に漕ぎ出したボートを沈ませないための能力は個人の性格テストなどから予想されるものではない」のであり，「必要なことは一旦事業がスタートした後は，製品や市場に対する調整能力の役割が決定的に重要である。すなわち，①多様な顧客ベースを達成すること，②新製品の開発と市場へ導入すること，そのような調整能力こそが企業の生存と密接に関係する」と説いている。p.114

3）金井（一）他　（2002）　pp.64-65

4）エーベル（1984）は「ドメインの再定義」とは，企業の長期的な存続・発展のための企業の成長に伴うドメイン定義の変化とする。顧客・顧客機能・技術の3次元での事業の変化をとらえる場合，その活動の広がりと差別化を組み合わせることによって以下のような異なった戦略を挙げている。p.230

「再定義のための戦略代案」

戦略	活動の広がり（あるいは差別性）		
	顧客層	顧客機能	技術
1	同じ	同じ	ちがう
2	同じ	ちがう	同じ
3	ちがう	同じ	同じ
4	同じ	ちがう	ちがう
5	ちがう	ちがう	同じ
6	ちがう	同じ	ちがう
7	ちがう	ちがう	ちがう

本書で取り上げる，おごと温泉のとったドメインの再定義による戦略は，上表の内の7番目に該当すると考えられる。

「おごと温泉におけるドメイン見直しによる戦略変化」

戦略	活動の広がり（あるいは差別性）		
	顧客層	顧客機能	技術（サービス）
旧ドメイン	男性・団体	慰安・集団的日常体験	大浴場・大部屋・宴会
新ドメイン（ドメイン再定義）	女性・ファミリー・少数グループ	癒し・非日常生活体験	露天風呂・個室・地元料理

基本的には上記戦略のうち7番目が該当するが，具体的には差別化重視の戦略をとる。ただし同じ差別化戦略でも企業の独自能力を反映し，例えば，比較的規模の大きい琵琶湖グランドホテルや湯元館のとった戦略（＝広がりと同時にセグメント間の差別性重視：団体客用と家族用施設の併設）に対し，中堅規模のびわ湖花街道などは特化戦略（狭い広がりと高い競争差別性：露天風呂に切り替え，料理に注力など）を選択したといえる。

「ドメイン」から見た「おごと温泉停滞の原因」は，エーベルがいうごとく「既存会社が眠っていてかれらの周りでおこる変化に気づかないというのではなく，起こっている変化の不可避性と，かれらの活動の定義，目的，市場での役割を再考する必要性とを認識しなかったという理由で失敗」したのであり，「市場が変化した後でも，従来からのアプローチを続けたことで，市場地位を失い財務上の負担が重くのしかかる結果」を招いたものといえる。p.290

5）山田（2000）pp. 4－5

6）ドラッカー（2007）p. 3

7）「われわれが企業（Unternehmung）と呼ぶものは，新結合の遂行およびそれを経営体などに具体化したもののことであり，企業家（Unternehmer）と呼ぶものは，新結合の遂行を自らの機能とし，その遂行に当って能動的要素となるような経済主体のことである」シュンペーター（1977）p.198

8）シュンペーター（1977）pp. 182-183
「新結合」として，①新しい生産物（財貨）の創出，②新しい生産方法の導入，③新しい販路の開拓，④原材料あるいは半製品の新しい供給源の獲得，⑤新しい組織の実現を挙げる。

9）山田（2013a）　p. 83より一部引用（シュンペーター（1998）pp.88-89参照）「創造的反応」とは「経済，産業，あるいはその産業の中のある企業がそれとは別の何か，既存の慣行を超える何かを行う場合」をいい，「適応的反応」とは「現在の人材や組織などの経営資源を充実させ従前の慣行で対応する場合」としている。

10）イスラエル・M・カーズナー（2001）　pp. 54-55，pp.126-127
「無からは，何も生じないが，それを実在にするものは，人間の（企業家的）機敏性なのである。誰かが認識するものを機敏にとらえる行為は，創造的行為である」「これまで気づかれていない望ましい対象の発見者は，その対象を「創りだす」ために活動したのである。彼はそれに気づいていたのである。他の誰も，彼が気づいた対象を彼がとらえる以前にそうしなかった。発見は，入手可能な資源から，望ましい何かを生産する方法に機敏に気づくというかたちをとるだろう。後に続く慎重な生産活動は発見活動ではないけれども，後に続く慎重な生産による獲得の機会を発見することは，創造的なのである」

11）カーズナー（1985）　p.127
「企業家精神は，長期的発展による変化と全く同様に短期的動向の中にもあらわれてくる。そして革新者みずからによるのとまったく同様に，（革新者の活動によってみつけられた機会を利用しようとする）模倣者によっても遂行される」

12）金井（一）（2012）pp. 4 - 5

13）Miller, D.（1983）pp.770-791　並びに Rauch, A. et al.（2009）pp.761-787

14）山田・伊藤（2008）pp.89-99，山田（2011）pp.45-55，山田（2013a）p.189，p203他，山田（2013b）pp.219-235，山田・伊藤（2013）pp. 4 -15

15）「社会企業家活動（Social Entrepreneuership）」についての概念は統一的なものはないが，本書では「社会的サービスの供給や問題解決への取り組みを事業と一致させる革新的な活動を行い，基本的に社会貢献を目的とする営みのことである（大室（2002））」を取り上げる（山田（仁）（2009）p.119）。また金井（一）（2012）は社会企業家と同様な概念として社際企業家について「多様な社会的課題を認知し，社内外の資源を動員し，ソーシャル・イノベーションの創造によって社会的問題の解決をリードしていく人々を示す新しい企業家の概念」としている。p. 6

16）金井（一）他（2006）は３つの「地域発展の手段」として，①「誘致型」（地域外から企業を誘致し，地域発展のための中核に据える），②「内発型」（地域企業を振興の中心に据える。本書のケース）③「混合型」（地域企業の活性化とともに，欠けている部分を企業誘致によって補完する）を挙げている。p.268，pp.271-272，pp.283-284

17）地域革新や先導的な企業家の活動の同様な動きについては，市民企業家という位置づけで称されている。すなわち，市民企業家とは「起業家精神（企業の精神）と市民の徳（コミュニティの精神）というアメリカの２つの重要な伝統を結合」させたものであり，ビジネス，政府，教育，コミュニティ間の協働ネットワークを創りだす媒体として機能する。市民企業家は，ビジネスの立ち上げを支援する役割を果たし，地域コミュニティの再活性化に貢献する。言い換えれば，経済とコミュニティの接点に位置し，地方自治体，商工会議所，大学関係者，企業経営者等と協働してコミュニティの問題解決に取り組むことでコミュニティの変化の触媒役となるとしている。Henton, Melville & Walesh（1997）

18）以後の説明では金井（一）（2012）の「企業家プラットフォーム」と同じ意味で使用する。

19）山田（仁）（2009）は，戦略的社会性について「新事業の創造を通じて社会の多様な問題を解決し，新たな社会的価値の創造に貢献する」という志向性であるとし，「社会に存在するさまざまな問題を社会的ニーズとして捉え，事業活動を通じてその解決に貢献していくことで市場性（収益性）と社会性の両立を追求することに特徴がある」としている。

20）「ダブルボトムライン」における２つのボトムラインのうち，１つは収支計算の帳尻としての最終的な損益であり，もう１つのボトムラインは経済的に短期的評価や指標化が困難な社会貢献の領域の意味である。山田（仁）2011，p.46

21）1983年に日経ビジネス誌が発表した記事「会社の寿命：企業の繁栄はたかだか30年」pp.42-43

22）久保田（章）（2010）p.76

23）横澤（2012）p. 3

老舗とは「規模の大小や業種を問わず，また血縁関係の有無にもこだわらず，とにかく一〇〇年以上も存続し今なお『しなやかに』活動している長寿企業」としている。

24）横澤（2012）pp.151-152，pp.172-173

25）石井（1996）p.276，p.279，p.284

26）久保田（典）（2011）p.129

老舗の教訓の事例として，金剛組などはその技術の伝承のための独自のシステム（特定の固有の寺社との関係のみならず，独自の営業活動によって高い技術力を維持）の他，長期存続のために後継者には嫡子にこだわらず，親族の中で有能な者がいる場合その人物を優先して選抜している。

それ以外にも，「押し込め隠居」や婿養子，暖簾分け等の制度を活用するなど地域性，顧客志向，人材育成，独自の技術伝承方法など企業存続に対する強い意志と試行錯誤がみられる。曽根（2008）を参照。

27）吉村（2007）の中で，Khurana（2002）が米国企業の事例をもとに説明した内容を引用している。p.287

28）吉村（2007）p.271

29）冨山（2010）p.119．p.121

30）ハーシュマンによれば，スラック（経営資源の余剰，緩み）の存在は市場の逆境期に頼りになる備えのような機能を果たす。つまり「超過コストを削減し，すでに手がかりをつかんでいたイノヴェーションがついに導入される」結果，衰退が「全体を常時支配していない状況にないかぎり，衰退過程そのものが一定の拮抗力を活性化する可能性が高いとしている」（pp.13～14）。例えば老舗企業の場合，永年の経営資源の蓄積により，再度復活できる可能性を持っていると考える。具体例として，黒川温泉や別府八湯にみられる「街おこし」のみならず，本書の事例でとりあげるおごと温泉の場合も該当すると思われる。

31）ハーシュマン（2005）p. 1

32）同上　p. 4，p.85

「離脱（Exit）」とは，顧客がある企業の製品の購入をやめたり，メンバーがある組織から離れていくというオプション。この結果，経営陣はこれを矯正する方法・手段を模索する必要がある。「発言（Voice）」とは企業の顧客や組織のメンバーが経営陣に対し，あるいは経営陣を監督する他の権威筋などに対し，広く訴えることによって，自らの不満を直接表明するオプション。この結果，経営者はこの場合も，顧客やメンバーの不満の原因をつきとめ，可能な解消策を模索しなければならない。

33）同上　pp.85-88
「忠誠（Loyality）」とは，例えば「正しかろうと間違っていようと，われらの祖国」といわれるように，たとえどのような非合理的な局面に接しても「時間がたてば正しいことが悪いことを凌駕するはずだ」という合理的な打算に基づく姿勢をいう。衰退する組織に留まることが，たとえ非合理的と見えても，これらの忠誠心が存在することで，「離脱」に対する防護壁的な役割を果たす。

34）同上　pp.88～89

35）山田（2013a）　pp.202～203

36）ドラッカー（2007）p.102

37）加護野他（1996）『経営戦略論』第7章　pp.177-207

38）パラダイムの説明については，加護野他（1996）pp.178-179，または加護野（2011）pp.93-100を参照。

39）加護野（2011）　p.64
スキーマとは，簡単にいえば「人々が持つ体系化された知識」であり，言い換えればイメージ，メンタル・モデルなど心的な表象をいう。

40）加護野（2011）p.121

41）加護野（2011）p.122
後述するように，本事例では先人たちによる企業家活動が，後継者たちの間に意思が受け継がれて行った経緯として単なるパラダイムの説明（旅行形態の変化：団体旅行→ファミリー・グループ旅行）だけでなく，常に見本例（具体例として「スイスの湖畔にある郊外型リゾート」）をもってその意味を伝達・理解させていたことが考えられる。なお，その場合の日常の理論は「宴会・大浴場サービス→露天ぶろ付き個室サービス」であったと思われる。

42）加護野他（1996）pp.183-187

43）加護野他（1996）pp.193-197

44）加護野他（1996）p.344

45）加護野（2011）p.159

46）加護野（2011）p.169

47）加護野（2011）p.132
組織の慣性とは「環境あるいは条件変化したにもかかわらず，企業の行動が変わらず，不適応を起こす現象」をいう。

48）加護野他（1996）pp.353-354

＝第Ⅱ部＝

蘇るおごと温泉
～老舗温泉旅館の企業家活動～

最近のパンフレットより

第３章

おごと温泉の現況

温泉旅館という業態についての業界常識として，「食事は部屋出しのついた『おもてなし』」「老若男女を問わず旅行といえばまず温泉」「家業としての老舗」「地元との共存：温泉街」「１泊２食」「どんぶり勘定的な経営管理体質」といった共通のキーワードが並ぶ。

しかし，我が国の温泉旅館は，各地によって独自色をもち，経営形態は一様ではない。温泉の品質や，旅館と周辺地域との関連性なども地域ごとのクローズドシステムである。城崎温泉や由布院温泉のような街全体が温泉街としての構造をもち，個々の旅館もその中に溶け込んでいるものや，和倉温泉の加賀屋のように単独の温泉旅館が当該温泉の代表ブランドとなっているなど，さまざまである。

以上のような共通性と独自性を兼ね備える温泉旅館について，個々の旅館の案内や周辺の歴史を解説する書物はあるが，老舗の生き残りに対して影響を与える企業家活動を分析したものは少ない。

本書では，事例として，おごと温泉を現在の姿に変貌させるのに主導的な役割を果たした温泉旅館の経営者の企業家活動の動きを，老舗旅館[1)]の後継の問題と併せて今後の温泉旅館のあり方を考えてみる。なお，現地での取材は2013年から2016年までの４年間に計７回なされた[2)]。まず取材で協力していただいた旅館のプロフィールから紹介する。

3.1　地域革新の中核となる温泉旅館のプロフィール

地域革新の駆動力となった温泉旅館協同組合のメンバーは，もとは10軒であったが，そのうちの「近新」については，近年，後継者難から廃業しており，現在９軒よりなる。また「ことゆう」(「あがりゃんせ」は日帰りスパ）は京都のラーメンチェーン店「天下一品」の傘下の新規参入企業であることから，本書の主題から外れるため，取材対象から除外した。以下の各旅館名の後の括弧内は，今般の取材に協力していただいたおごと温泉協同組合のメンバーの方々

図表９：温泉旅館の概要

施設名	創業	客室／収容人数	コンセプト	備考
湯元館	1929	69/336	多彩な湯めぐり	同温泉地で最古参　会席料理
びわ湖花街道	1940	43/163	大正ロマン	きめ細かいサービス・女性に人気
雄琴荘	1954	10/45	アット・ホーム	食材へのこだわり・懐石料理
琵琶湖グランドホテル	1958	140/832	温泉＆コンベンション	研修・修学旅行
京近江		44/300	個人客向け	グランドホテルの別館
里湯昔話　雄山荘	1960	110/553	近江の昔話	自家菜園・地産地消・ハラル料理
暖灯館　きくのや	1966	27/150	湖畔の宿	ペットも泊まれる
びわこ緑水亭	1996	70/381	眺望よいリゾート旅館	少人数～団体まで　会席料理など
木もれび	2006	20/55	リーズナブルなお宿	湯元館の姉妹旅館
ことゆう	2013	38/128	スパ・リゾート	日帰り温泉の宿泊施設
計		571室 /2,943人		

出所：「知的資産営業報告書　2015」より

である。

（1）「びわ湖　花街道」（現会長　佐藤良治氏・現社長　佐藤祐子氏）

同館の前身は明治の代から始めた養鶏場並びに鳥水炊き料理（京都三条）で有名な「澤文」。曾祖母（佐藤きん氏）は冷蔵庫のない時代に生卵の品質を独自方法でチェック（電燈のもとで濁りを検査）し，また個別に賞味期限を表面に記載するなど極めてユニークな商法で財を成す。当時としては豪華な建物（木造３階建て　純和風数寄屋造り）であったが，昭和14（1939）年京都から移築，割烹旅館「国華荘」を創設した（祖父　佐藤傳三郎氏）。

昭和20（1945）年，連合軍（英豪軍）により接収を受けたが，戦後株式会社国華荘を設立。昭和62（1987）年には佐藤良治氏が社長就任。平成10（1998）年，当時温泉旅館協同組合理事長も兼任していた同氏は，若者たちの教育機関として「青経塾」を開講。この塾で育った若者たちが，現在の旅館経営のみならず同地域のイメージ転換のための活動の中心になる。平成12（2000）年から翌年にかけての全館リニューアル工事期間中に相続対策にも着手した。翌年大幅な従業員の入れ替えをする一方，工事完成を機に今までの館名「国華荘」から「びわ湖花街道」に変更。都会近郊在住の感性豊かな熟年女性をターゲットとし，「大正ロマン」のコンセプトを強く打ち出した。平成21（2009）年には佐藤祐子氏が社長職を引き継ぎ（佐藤良治氏は会長職），現在副理事長も兼任。佐藤祐子氏はおごと温泉の将来について，単に人が集まってくる街を目指すのでなく，近隣地区や歴史的遺産と連携し，例えばフランスのリヨンでの『スマートシティ』（循環できる街並み，都市機能，住居性，文化性などを備えた地域）を目指すことで，街自慢となり，郷土愛に繋がることを願っている。

（2）「湯元館」（現会長　針谷　了氏）

針谷末吉氏（現会長の祖父）が当温泉で最初の旅館として営業を開始（客室数６部屋）。昭和39（1964）年には，株式会社組織に変更したが，過大な設備投資が祟（たた）り，昭和42（1967）年に１回目の経営危機，昭和46（1971）年には２

度目，3度目の危機となる。しかしそれも翌昭和47（1972）年頃から始まった風俗業の影響で何とか乗り切ることができた。

歓楽街という偏ったイメージの影響は大きいものの，旅館にとっては一定の集客効果があること，団体旅行や男性中心の性格から，厳しい料理やサービスにはあまり頓着しない客が中心であったことが幸いした。しかし，この結果，新たな温泉ブームへの対応が遅れることになった（後述）。

昭和51（1976）年風俗業のブームが去る頃，再び経営危機に見舞われた。その後，針谷了氏は父親から実質経営権を譲り受ける。昭和59（1984）年正式に社長に就任（33歳）。名実ともに経営責任者になった後は，精力的に隣接旅館の買収や増改築を進める一方，対内的には社員寮を建設，あるいは「就業規則・給与規程・退職金制度」などを制定し，会社組織を固めた。同旅館は館内にある多くの露天風呂施設の「湯巡り」というコンセプトを前面に打ち出すとともに，平成18（2006）年には姉妹館として「木もれび」を新設。

平成23（2011）年には会長職に就任。自らは京都や亀岡市など現在6社，8事業を手掛け，経営の陣頭指揮を執る。平成26（2014）年には日本旅館協会新会長に選出され，日本の観光立国に向けて旅館全体の制度整備に尽力する日々が続く。

（3）「琵琶湖グランドホテル」（現社長　金子博美氏：取材当時は副社長）

木造旅館「芭蕉園」として昭和33（1958）年営業開始後，移転と増築を重ね，昭和57（1982）年には施設名を現「琵琶湖グランドホテル」とした。当地で一番規模が大きく，会議場や団体用宴会施設がある。平成5（1993）年には個室露天風呂付の「京近江」を新築し，従来からの団体旅行客向けとは異なる家族連れや少人数旅行客向けの施設として新規顧客開拓に乗り出した。平成27年（2015）年からは金子博美氏が社長。もともと本人は画家志望だった。「青経塾」で学んだ後は，現協同組合理事長として，近隣の歴史的遺産の寺院との連携や自治体と協力し対外的な活動を精力的に続けている[3)]。

（4）「びわこ緑水亭」（現専務取締役　金子憲之氏）

現社長は，琵琶湖グランドホテル会長と親戚関係にある。平成8（1996）年，地元老舗旅館（雄琴温泉が誕生した頃から営業していた「芳月楼」）の廃業に伴い，買い取り独立した。金子憲之氏は姉と一緒に経営を助ける。もとはミュージシャン活動をしていたが，その後帰郷した。経営について青経塾で学んだ後，当館の経営に参画している。

（5）「暖灯館　きくのや」（現社長　池見喜博氏）

昭和28（1953）年創業。平成16（2004）年，旧名「雄琴国際ホテル　きくのや」からイメージを変更するため「暖灯館　きくのや」に変更。池見喜博氏は，最近，社長に就任。大学卒業後，即自社に就職し，営業を担当。「バブルを全く知らない世代」。協同組合が立ち上げた「キャンペーン実行委員会」によるイベント活動に参加するなかで，チームワークと信頼が同温泉の「強みの源泉」であると気づく。一致団結して，既得権をきちんと守っていくこと，強い信頼と連帯感をもつ現経営者の意思をしっかり受け止められる後継者人材を育てていくことが，これからの課題であると語る。

（6）「里湯昔話　雄山荘」（経営企画室室長　森崎祐次氏）

昭和35（1960）年創業。団体旅行や小グループの旅行客の受入れを中心にしており，琵琶湖グランドホテルと棲み分け。森崎氏は現社長とは前職場での営業関係での長年の付き合いが縁となり，入社して8年。同氏は当地の現状について，他の温泉地のような市内の交通機関や観光案内などの充実でこれからの街づくりを目指すには，より一層高いハードルを越える必要があると語る。彼も他のオーナー経営者たちと協力して協同組合9軒の結束を守ろうという固い決意をもったメンバーの1人。

（7）「雄琴荘」（現社長　榎　高雄氏）

昭和29（1954）年創業。社長の榎高雄氏は前おごと温泉協同組合理事長を務めた。もともと料理長出身でもあり，本格的懐石料理を楽しませる。住民とのコミュニケーションづくりに活躍。理事長（当時）だった平成22（2010）年には，日帰り，宿泊を含む延べ来訪者数が過去最高の54万人を超えた。今後はさらに当地を「ハブ温泉地」として明確なメッセージを打ち出したいとの期待を持つ。

（8）「木もれび」（同館は湯元舘と姉妹館。針谷　了氏が会長兼任）

平成18（2006）年創業。湯元舘の姉妹館としての位置づけであり，経営は湯元舘と同系でもあるため，別途取材は実施していない。なお，湯元舘とは別旅館として温泉協同組合に参加。当館は温泉が主体である「湯元舘」とは異なり，夫婦・家族連れや女性の小グループ旅行客向け「リーズナブルなお宿」である。

（9）「ことゆう」

平成19（2007）年，京都のラーメンチェーン「天下一品」が多面展開として新規に同温泉地区に日帰り温泉「スパリゾート雄琴・あがりゃんせ」として参入するにあたり，組合からの要請で宿泊施設として新たに「天然源泉の宿・ことゆう」を建設し，温泉協同組合の一員として承認される。オーナーは木村勉氏。同館は本書の主題とは異なるため関連取材対象とはしていない。

3.2　おごと温泉地の今までのながれ

第1章で述べたように，同地域は古くは貴族の荘園として開拓され，また比叡山に近かったことから寺社との関係も同様に古い。地元住民は農業と漁業で生計を立てる極めて一般的な村落の生活を送っていた。大正期になって神話じみていた温泉の存在が事実となって以来，この地域の生活は一変する。

本来この温泉地は地元住民の憩いの場であったが，やがて京都や近隣地区から温泉を求めて移住する人々が増えだし，やがて温泉町としての形態を整えるに至る。さらに交通の便の発達と日本の高度成長に伴う観光ブームによって，次第に琵琶湖畔の風光明媚な温泉地としての知名度を上げていく。

風俗業が進出してくる前の1960年代後半の雄琴の状況について，下記の写真は，滋賀日日新聞（昭和42（1967）年２月23日）に掲載された記事である。紙面では当時の琵琶湖をめぐる観光について当時の西田善一大津市長，関口鉄太郎京大名誉教授，佐藤傳三郎県観光審議会委員（佐藤良治氏のご尊父）などが座談会を持った様子を載せている。

座談会では，昭和49（1974）年の湖西線の開通を控えて，湖西地区の開発には琵琶湖周辺の良さを残すことを考えた開発を目指すことをテーマとして取り上げている。１つの開発モデル案として「東洋のジュネーブ」（関口）という考えもあった。

あすの観光
自然美
美しい水辺に…

「琵琶湖をめぐる観光」についての記事より

昭和45（1970）年の大阪万博前後からの高度成長期頃は，鉄道やバスによる旅行も普及し，多くの温泉地も今までの湯治目的から歓楽地へと変わっていくことになるが，このことは温泉旅館・ホテルも地場産業として次の成長期の段階に入っていくことを意味した。おごと温泉もそのようなブームの中で温泉地として，関西地方からも訪問客を増やしており，特に当地は歴史的遺産や寺社の法事関係の利用も相俟って観光温泉地区としても順調に成長期にあったと思われる。

しかし，当地は昭和46（1971）年以降進出してきた風俗業によって，他の温泉地のような地域全体の発展・成熟期に移る前に，従来のパターンと異なる客層が増加した結果，経営環境も大きく影響を受けることになる。本来，旅館エリアとは別であり，別々の事業体であるにもかかわらず温泉旅館と歓楽街が同一視され，おごと温泉は本来の温泉地とは異ったイメージで捉えられることが多くなった。いわば温泉地として成熟期に至る発展プロセスを経ないまま，以後長年にわたり風評被害と闘わざるを得なくなった。

つまり，この時期のおごと温泉では，一部の例外はあったにせよ，他の温泉地でみられるような個人客や女性客の増加に伴った新規顧客層の開拓，新製品の開発（サービスも含む　著者注）や市場へ参入するための大幅な設備投資に踏み切るより，むしろ団体旅行客やパッケージ化などコスト削減による効率化を主とする傾向が強かったと思われる[4)]。

バブル経済崩壊後，そのような環境が約30年間続く「守り」の状況の中で，それでもしぶとく生き残ったのはなぜだろうか。本来なら30年間「鳴かず，飛ばず」の状態というのは，よほど温泉自体の効能や特別な趣向でもなければ生き残れていないはずである。そのような状況の中から，地域革新の中核を担った老舗温泉旅館における企業家活動の事例を紹介する前に，次節ではおごと温泉に関する統計データや業界案内などの資料を中心にその姿を見てみよう。

3.3　データ／資料からみたおごと温泉の状況

3.3.1　「温泉地宿泊者数ベスト100」（抜粋）からみたおごと温泉

（1）　温泉地ランキング

おごと温泉が風評被害を被った約30年間の動きを調べるにあたり，日本温泉協会の機関誌（『温泉』）をもとに当時の他の温泉地との比較の中での相対的な位置づけを示したのが図表10「業界ランキングの推移」（宿泊者数）である。平成２（1990）年～平成12（2010）年の間に挙げられる全国温泉地の中で，箱根温泉郷が不動のトップを維持しており，ベスト10までの顔ぶれは多少の変動はあるものの，大きく変わっていない。おごと温泉も宿泊者数ではコンスタントに約40万人を維持し，全国ランキングでは60～70位前後に位置している。

図表10　業界ランキングの推移（宿泊者数）

（単位　百万人）

順位	1990年	1995年	2000年	2005年	2010年	備考
1	箱根温泉郷	箱根温泉郷	箱根温泉郷	箱根温泉郷	箱根温泉郷	
	4.8	5.1	4.5	4.3	4.6	
2	別府温泉郷	別府温泉郷	別府温泉郷	別府温泉郷	熱海温泉郷	
	4.5	4.1	4.0	4.0	2.9	
3	熱海温泉郷	鬼怒川・川治	熱海温泉郷	熱海温泉郷	別府温泉郷	
	3.3	3.1	2.9	3.9	2.6	
4	鬼怒川・川治	熱海温泉郷	鬼怒川・川治	伊東	伊東	
	3.1	2.6	2.7	2.7	2.5	
5	伊東＊	伊東	伊東	鬼怒川・川治	草津	＊ '89年度伊東沖で手石海丘海岸噴火
	2.4	2.1	1.9	1.9	1.8	
6	南紀・白浜	南紀・白浜	草津	草津	鬼怒川・川治	
	2.2	2.0	1.9	1.9	1.8	
7	東伊豆町温泉郷	草津	南紀・白浜	南紀・白浜	南紀・白浜	
	2.1	1.8	1.8	1.7	1.7	
8	草津	伊香保	那須温泉郷	定山渓＊	層雲峡	＊ '99年度有珠山の噴火
	1.8	1.8	1.5	1.5	1.5	

9	石和・春日居	湯川	登別	石和・春日居	石和・春日居	
	1.7	1.7	1.4	1.3	1.2	
10	那須温泉郷	下呂	伊香保	那須温泉郷	那須温泉郷	
	1.4	1.6	1.4	1.3	1.2	
	おごと温泉					
	1990年	1997年	2000年	2008年	2010年	
客数	0.4百万人	0.4	0.4	0.4	0.4	
順位	81位	70位	64位	69位	57位	

出所：「温泉地宿泊数ベスト100」『温泉』平成4年　4.5合併号　658号，2013.05　Vol.81 No.856

（２）「温泉地の選択理由」の比較

次に「温泉地を選ぶ理由」について日本温泉協会のアンケート調査では，上位10温泉では「温泉そのもの」「自然環境」「温泉情緒」の３項目が突出している。「温泉そのもの」「温泉情緒」などは，温泉地によっては自らつくり出せないところもあるが，「自然環境」をどう醸成できるかを地域で取り組むなど，個々の温泉旅館の努力に加えて温泉地全体としての活動も重視されている[5)]。それに対し，おごと温泉では，「交通の便」「宿泊料金」「温泉施設・雰囲気」「料理」などが主な選択理由として挙げられ，上位10とは顕著な違いを見せている。

図表11　上位10温泉と雄琴温泉の比較

	自然環境	温泉情緒	温泉そのもの（泉質・効能）	交通の便	宿泊旅金	温泉施設・雰囲気	料理
上位10	◎	○	◎	△	△	△	△
おごと温泉	○	△	△	◎	◎	◎	◎

（注）◎　50％以上　　○　30％～49％　△　29％以下
上位10：「第53回「旅と温泉展」アンケート調査結果」（『温泉』2014）より加工。なお，上位10の温泉地は（１）のベスト10とは一部異なる。
出所：おごと温泉：「知的資産経営報告書　2015」おごと温泉協同組合

3.3.2　おごと温泉訪問客数推移（入湯税ベース）

次におごと温泉旅館協同組合が公表している資料に基づき，訪問客の推移を見てみよう。本データは入湯税をベースに算出されており，同時に温泉関連施設の訪問客（本データは温泉旅館協同組合に加盟している9軒の施設の申告に基づく。なお，日帰り温泉スパ「あがりゃんせ」は含まれていない）の推移である。風評被害があったと思われる1990～1999年（その1）並びに2000～2009年（その2）では，近隣の寺社の法事などによる影響を除けば，40万人前後であったが，その後2010年以降は45万人前後をほぼ維持するようになっている。これは，後述するように，宿泊客ではなく日帰り客のコンスタントな伸びによるところが大きい。

図表12　訪問客合計数（宿泊＋日帰り：1990～2016年）

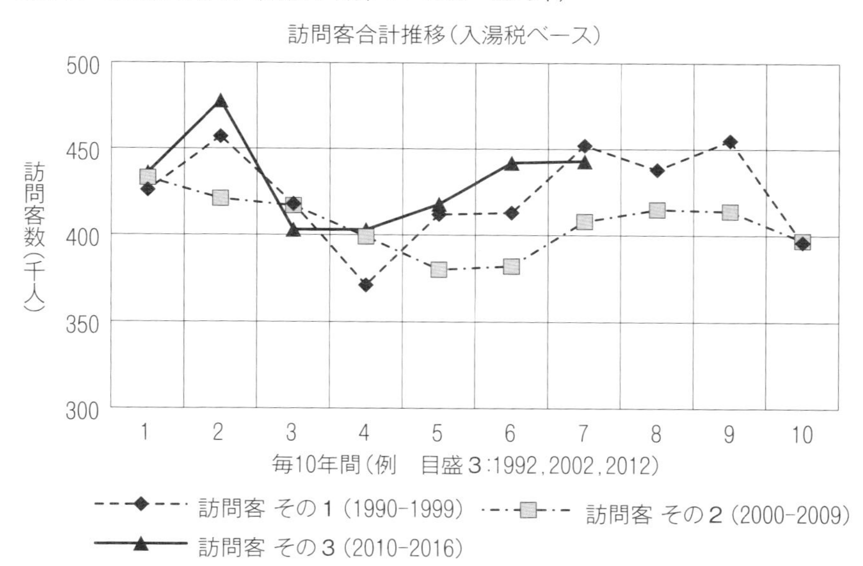

以下の図表13，14は同じく入湯税ベースによる訪問客数の推移を示した。前者は宿泊者数，後者は日帰り訪問客数を個別に表している。なお，協同組合の

図表13　宿泊客数推移

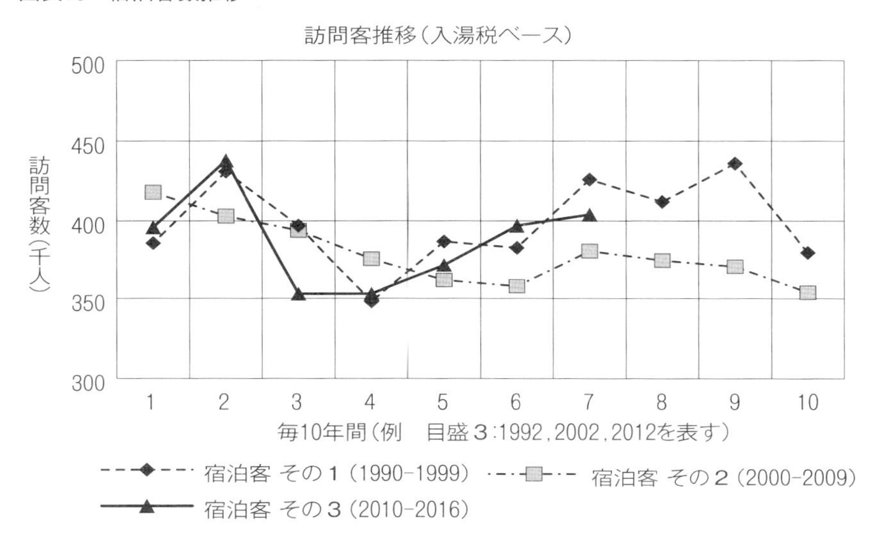

（注）　宿泊客はほぼ350千人～450千人の間で推移している。

図表14　日帰り客数推移

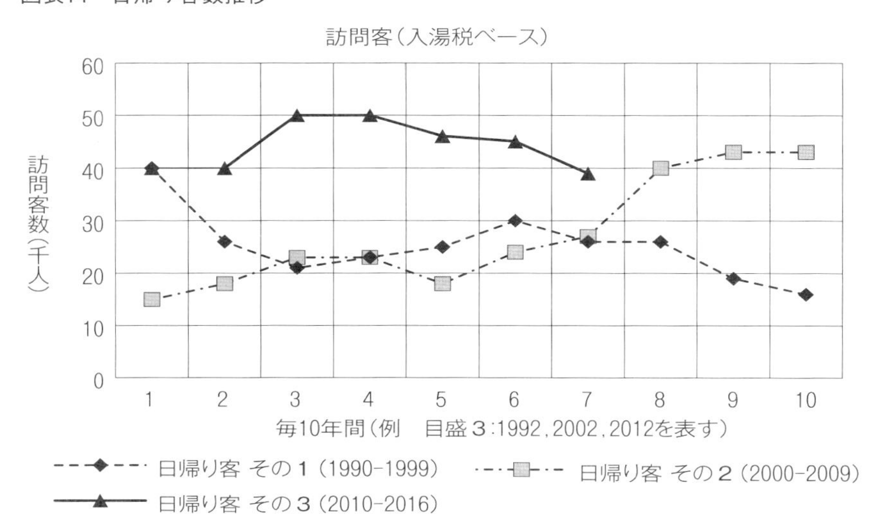

（注）　日帰り客は2000年代中頃から安定的に増加傾向にある。

資料（入湯税ベース以外）によれば，関連施設を含めた総訪問客数データでは最近では50万人を超すと発表されている。

3.3.3　おごと温泉に関する「旅行案内」の変遷（抜粋）

以下の資料は，1960年代（風評被害の以前の頃）からその後現在に至るまでのJTB（日本交通公社）などの発行する旅行案内書や雑誌に記載されていたおごと温泉の当時の説明やコメントを抜粋したものである。これらの資料からいえることは，1970～1980年代においておごと温泉は「歓楽街」として有名になったが，その後日本が低成長期に入ると「リゾート温泉地」として見直され，業界でも新たに評価されてきていることがわかる。

図表15　年代別「旅行案内」記事より

年代	内容	出版社・旅行会社
1960	「琵琶湖の水郷情緒にめぐまれた雄琴温泉」 ・雄琴には旅館以外何もない。新築・改築のところはない（飽和状態？）。パチンコ屋もない。秋の観光シーズンとはいえ，閑散。比良山，近江富士，びわ湖を除けば，温泉そのものは何の風情もない。当地はのどかな風景に包まれ，屈託のない明るさが特徴。温暖・陽光。 ・旅館は約30軒。団体向，アベック向。修学旅行や一人旅には不向き。	『旅』1960.12.2 渡辺護（音楽評論家）
1970	「雄琴温泉」 ・琵琶湖畔では唯一の近代的な温泉郷。静かな入江に臨んでデラックスな旅館が立ち並ぶ。温泉郷の中央を国道161号線が横切っていて，みやげ物店が少ないためかいわゆる湯の町の情緒は少ないようだ。（中略）比叡・比良山の山なみがすぐ背後に迫り，旅館街は湖畔から丘まで伸びているが，どの宿からも琵琶湖と湖東の山なみが一望できるし，湖畔の宿のムードも良い。 ・旅館　約30軒あり。設備の良い宿が多い。新婚旅行から団体客まで，そつのない扱いで好評。それぞれ特色があって，眺めのよさを誇っている。丘の上にそびえる国華荘，雄山荘，老舗を誇る湯元館，少し南にはなれたホテル雄琴などが目立つ建物。国道沿いの旅館は大体湖畔側では地味だが奥行きが広い。	『ポケット24琵琶湖・若狭』日本交通公社 1970.12.1

	「雄琴温泉」 • 比叡・比良山の山なみがすぐ背後に迫り，琵琶湖を隔てて近江富士の別名を持つ三上山が望める景勝地。この滋賀県を代表する温泉の名は今や湖畔に35軒ほど林立するトルコ風呂で全国的に有名。 • やど　国道161号線を間に，湖畔から山手にかけて旅館が約20軒。8000～15000円。国華荘，雄山荘，湖泉閣をはじめ，鉄筋の建物がめじろおし。プールを持っているところも多い。冬はいずれも鴨鍋が自慢。	『交通公社のポケット24　近江・若狭』日本交通公社 1978.11.5
1980	「雄琴温泉」 • 比叡・比良山中から流れ出た雄琴川と大正寺川の三角州から背後の丘陵にかけて旅館が点在し，眼前には湖水を隔てて近江富士と呼ばれる三上山が美しく眺められる。このような景勝地にあり，歴史の古い温泉として，かつては京・大津の奥座敷といわれたが，いまではネオンの輝きが対岸からでもまぶしいほど歓楽街として名を高めている。湖畔近くを国道161号線が貫通し，みやげ物店が少ないためか湯の町情緒は乏しいが，琵琶湖を控えているため，みどころも多く，釣り，水泳，舟遊び，山に入れば山菜採り，ハイキングなどが楽しめる。（以下略） • 宿泊　約20軒。湖畔から山手にかけて設備の良い旅館が目立っているが，鉄筋のデラックスな旅館は山手に多い。またプールのある所が多いのもここの特徴。郷土料理は鴨鍋。	『交通公社　新日本ガイド13　近江，若狭』日本交通公社 1986.1.10
	「雄琴温泉」 • 比叡・比良山中から流れ出た雄琴川と大正寺川の三角州から背後の丘陵にかけて旅館が点在し，眼前には湖水を隔てて近江富士と呼ばれる三上山が美しく眺められる。このような景勝地にあり，歴史の古い温泉として，かつては京·大津の奥座敷といわれてきた。いまも設備の整った宿が多く，湖魚を使った料理，冬の鴨鍋などの味も魅力のひとつである。湖畔近くを国道161号線が貫通し，みやげ物店が少ないためか湯の町情緒は乏しいが，琵琶湖を控えているため，みどころも多く，釣り，水泳，舟遊び，山に入れば山菜採り，ハイキングなどが楽しめる。（以下略） 宿泊　約25軒　湖畔から山手にかけて設備の良い旅館が目立っているが，鉄筋のデラックスな旅館は山手に多い。またプールのある所が多いのもここの特徴。郷土料理は鴨鍋。	『JTB の新日本ガイド 14　近江，若狭，北近畿』日本交通公社 1989.8.1

1990	「雄琴・堅田」 平安時代に伝教大師・最澄によって開かれたと伝えられるのが雄琴温泉。ひと昔までは歓楽街のイメージが強かったが，最近ではリゾートとして生まれ変わりつつある。	『JTBの旅ノート　琵琶湖　北近畿』日本交通公社 1997.8.1
2000～現在	「25　滋賀県」主な温泉地　雄琴 ・県南西部，比叡山を背にし，琵琶湖に面する位置にある温泉地で，約1,200年前に伝教大師（最澄）によって開湯されたといわれる。雄琴の地名は「大炊神　今雄宿禰命」の屋敷から琴の音が聞こえたことに由来するという。（中略）1929年（昭和4年）には最初の温泉旅館が創業し，続いてその数が増えて9軒になった。第2次大戦後，温泉地は歓楽地化して発展したが，低成長期となって新たな温泉観光振興の方向が検討されることになった。現在，各温泉旅館，ホテルがそれぞれの個性を前面に出して，差別化を図っていることは，多様な客の満足度を高めることに繋がるであろう。	『47都道府県温泉百科』丸善出版 2016.12.30

（注）傍点は筆者

むすび

この章では，おごと温泉地域の今までの経緯を踏まえ，当時の地域の活動に関わった温泉旅館協同組合メンバーを紹介した。前述したように現在のメンバー旅館は9軒だが直近まで営業していた「近新」は経営者が高齢のこともあり，廃業となった。この現存する9軒の旅館の結束がおごと温泉地の原動力となっていることは間違いない。次章では，これらの各旅館の経営者がどのようにして今日の姿にまで変貌させることができたのか，具体的な軌跡を追っていくことにする。

【注】

1）本書で用いる「老舗」の定義は，第2章　注23）で述べる厳密な100年以上の企業ではない。「びわ湖　花街道」（国華荘）は京都で明治時代から料理旅館として創業していることから，旅館経営としては実質100年を超す。また湯元館は昭和初期の創業であり約80年あまりで，現会長は3代目になる（現在同館は4代目社長が経営）。

2）取材は以下の日程で行われた。

調査地・時期	訪問調査先	インタビュー相手
2013年	①　びわ湖花街道（3月，5月，7月） ②　湯元館（7月） ③　雄琴荘（7月） ④　琵琶湖グランドホテル（7月）	①　佐藤良治氏，佐藤祐子氏 ②　針谷　了氏 ③　榎　高雄氏 ④　金子　博美氏
2014年	①　琵琶湖緑水亭（7月） ②　暖灯館きくのや（7月） ③　琵琶湖グランドホテル（5月，7月） ④　湯元館（7月） ⑤　びわ湖花街道（5月，7月）	①　金子　憲之氏 ②　池見　喜博氏 ③　金子　博美氏 ④　針谷　了氏 ⑤　佐藤　良治氏，佐藤　祐子氏
2015年	①　里湯昔話　雄山荘（3月）	①　森崎　祐次氏
2016年	①　暖灯館　きくのや（8月） ②　琵琶湖緑水亭（8月） ③　びわ湖花街道（8月） ④　湯元館／木もれび（8月） ⑤　琵琶湖グランドホテル（8月） ⑥　里湯昔話　雄山荘（8月） ⑦　雄琴荘（8月）	①　池見　喜博氏 ②　金子　憲之氏 ③　佐藤良治氏，佐藤祐子氏 ④　針谷　了氏 ⑤　金子　博美氏 ⑥　森崎　祐次氏 ⑦　榎　高雄氏

3）「雄琴地域と世界遺産／比叡山延暦寺の関係」　雄琴地域は天台宗総本山の1つである比叡山延暦寺との関係が深い。雄琴地区には例えば小槻宿禰今雄が創建した法光寺（苗鹿町）（天台宗延暦寺の末寺），あるいは慈恵大師（第18代天台座主　良源：延暦寺中興の座主ともいわれる）の母の墓がある安養院，などがある（『わが郷土　雄琴の歴史を探る』より）。そのほかの総本山として，大津市内には天台寺門宗で「三井の晩鐘」で有名な三井寺（園城寺），坂本には聖徳太子が建立したといわれ明智光秀が復興を支援した西教寺（天台真盛宗）がそれぞれ歴史的遺産として存在している。

4）2.1.1　参照。

5）市原実「温泉地関連データの読み方　②」『温泉』2014.03　Vol.82　No.860より要約。

第4章

おごと温泉の地域革新

4.1　風評被害期の事業承継（現会長世代）

おごと温泉は，江若（こうじゃく）鉄道[1)]の発展とともに温泉地区として発展してきたといってよい。近隣周辺地区の顧客にとって湯治場として人気があった。しかし，そのような歴史を持つ地域も，当時の行政判断の結果，風俗業の進出によって今までと全く異なる環境に置かれることになり，一時のブームが過ぎ去ってからは「後の祭り」であった。前述のように，同温泉地と風俗業とは事業母体が異なるにもかかわらず，隣接していることからおごと温泉と歓楽街が混同され，さまざまな影響を受けたのである。

当初は，雇用面や団体客の増加などのプラス面があったともいえるが，その後続く風評被害の影響のため，このままでは他の温泉地で起ったような新たなブーム（露天風呂，個人・ファミリーが主体へ）から取り残される可能性があった。そのような状態に危機感を覚えた一部の先人たちは，自ら行動を起こした。そして，たまたま期を同じくして帰郷していた若者たちがその活動を受け継ぐことになった。

この章では，以上のような経緯について，特に2人の先人企業家である「びわ湖花街道」と「湯元舘」の経営者（両人とも現在は会長職）の活動を中心に述べることにする。

図表16 「びわ湖花街道」と「湯元舘」の会社概要

	びわ湖花街道	湯元舘
会社名	（株） 国華荘	（株） 湯元舘
代表者	佐藤良治（会長）佐藤祐子（社長）	針谷了（会長） 椿宏（社長）
所在地	滋賀県大津市雄琴１－１－３	滋賀県大津市苗鹿２-30-７
事業内容	旅館業　飲食業　政府登録国際観光旅館	旅館業　飲食業　政府登録国際観光旅館
創立（業）	昭和15(1940) 年５月	昭和４(1929) 年１月
会社設立	昭和26(1951) 年３月	昭和39(1964) 年２月
資本金	30百万円	50百万円
従業員	80名（うちパート社員42名）	246名（うちパート社員161名）

出所：各社ホームページより抜粋引用，2016年現在[2)]

4.1.1　風評被害による影響

雄琴温泉が好景気を謳歌していたのは，昭和39（1964）年の東京オリンピック，新幹線開通，びわ湖大橋完成以降，昭和45（1970）年大阪万博などで大いに盛り上げりを見せた時期と重なる。それまでは湯治場のような温泉地であり，風光明媚なのと，立地がいいこと，また比叡山と琵琶湖があり冬場は鴨料理を売り物にすることで徐々に顧客を伸ばしてきたが，それ以外の娯楽施設はほとんどなかった。別な見方をすれば「なんだか面白くない温泉地」（針谷氏）だった。

しかし，大阪万博や列島改造論で湧いた昭和43（1968），44（1969）年頃は各旅館も積極的に設備投資し，大いに賑わいもし，さすがに儲かった。昭和46（1971）年には，設備は1,500人規模となり，一挙に倍増したのである（現在は3,000人規模）。

昭和41年（1966）年の第51回通常国会で風俗業に関する規制案件が通過した。昭和46（1971）年，風俗営業規制の厳しい京都を避け，しかもモータリゼーションによる交通の便の良さも手伝って，当地に山中温泉（Ｔ氏）から風俗業が突如進出してきた。滋賀県市議会は，当時雄琴の一帯は湖岸台地の田んぼであったこともあり，この地区での風俗営業許可を承認した。認可面積は雄琴町と雄琴苗鹿町にまたがる約30万㎡という広域（その後地域住民などの運動で現在は４万５千㎡に縮小される）であった。まさかこんなところに風俗業が進出してくるとは思わず，県当局もその営業の実態を把握していなかったという[3)]。また，温泉旅館側もその実態には気づかず，周辺の噂や雑誌記事でそれを知ることになった（針谷氏）。

風俗街は雄琴苗鹿町の一部の地域に限定されており，また高校総体の開催時期には営業を自粛するなどの話し合い以外は，おごと温泉の温泉街とは直接の行き来はなかった[4)]。しかし，現地の事情を知らない一般顧客が，当温泉街と同一視することは避けられず，雄琴≒歓楽街というイメージが全国に定着することになってしまった。その結果，1990年後半ぐらいまで風評被害が続くことになった。

当初は，団体旅行客になれていた多くの温泉旅館にとって大きな抵抗感はなかったという。風俗業が雄琴にもたらしたメリットは，歓楽温泉としての名が全国に広まったことで，各地から主として男性客や団体客が押し寄せ，温泉旅館も万博景気の関係で大型設備投資をした旅館は大いに潤った。また，地元住民との関係では，土地の売却やアルバイトの増加，あるいは温泉組合に対しても献金があったこともあり，積極的な支援もないが，大きな反対の声も上がらなかった（針谷氏）。このことは，同地が他の温泉地と異なり，風評による影響を色濃く残す結果となった。因みに1970年代中頃～1980年代中頃の旅行ガイドでは，琵琶湖や近江富士を望む風光明媚な土地であると同時に，歓楽街の存在も案内されていた（第３章　3.3.3参照）。

一般的に何事にもブームには周期があるという（針谷氏）。当地雄琴においても，昭和47（1972）年～昭和49（1974）年夏を越したころから，繁盛した風俗業も急速に衰えを見せ始めた。風俗業が入る前は訪れていたファミリーや修学旅行はもちろん，遂には男性客も来なくなってしまった。観光地として「冬の時代」を迎えることになる。当時の状況について針谷会長が語ったインタビュー記事[5)]には，以下のように記載されている。

「風俗街は大阪万博が終わってすぐのころからでき始め，客層はまさに一変しました。確かに，売上だけで考えれば，万博修了でガラガラになった温泉街に人を呼び込んではくれた。（中略）旅行会社は新たにできた場所を目玉商品として勧めますから，ほとんどの団体が一度は行くのが3年というクールになるわけです。雄琴の場合，売上に関していえば風俗街によるプラス効果は3年続き，あとは，風評被害によるマイナス効果だけが残ったわけです」

3年間のメリットは，そのあと続く約30年間のデメリットで打ち消されることになる。他の温泉地では第2次オイルショック後バブル経済期（1986～1990年頃）に入り，「温泉ブーム」が到来，旅館施設も女性やファミリー向けが中心の和風・高級化の方向に転じる頃にあたるが，当地は対応が遅れることになった。

4.1.2　現会長世代の事業承継

雄琴地区の再生を述べるにあたり，まず同地区での温泉旅館としての事業承継の状況について触れておく必要がある。風俗業の進出後，当時の雄琴温泉は風俗業との関係をどのように考え，どのように生き残ろうとしていたのか，またどのように同地区の旅館事業が承継されてきたのか，について前述の老舗旅館である「湯元舘」や「国華荘」（「びわ湖花街道」）を中心に考えていきたい（もう1つの老舗である「芳月楼」は後に「緑水亭」として新たな経営者に譲渡されており，本節では触れない）。

現会長である佐藤良治氏（国華荘）や針谷了氏（湯元舘）両氏の事業承継は，このような時期になされた。2人とも早くから後継者として認識されていたが，先代の同意が容易に得られない状態が続いた。「びわ湖花街道」の佐藤良治会長のモットーは「攻めは皆で協力，しかし守りは自己の力」である。例えば，先代から事業を承継するにあたり，ポストにこだわる先代に対して積極的に相続意思を表明し，自らの力でいち早く相続問題に決着をつけた（同氏によれば，相続は「待ち」ではなく，「友好的乗っ取り」である）。ただし，先代からの観光業に対する想いはしっかり引き継いだ。

このことは，のちに現在社長兼女将である長女・佐藤祐子氏に事業を引き継ぐ場合に生かされる。他の同業者が相続対策で悩む中，タイミングよく事業承継を実行できたのである（平成21（2009）年）。すなわち，現社長の佐藤祐子氏への相続に関しては，自らの経験から不動産を法人組織に移譲するなどの相続対策を考えると同時に，経営者として事業を承継させるべきか，を熟慮した上での判断でもあった。

一方，佐藤祐子氏も，幼い頃，祖父から家業を継ぐようにいわれてきたが，いざ引き継ぐにあたり，3年間の社会人としての経験はあったものの，当時全く温泉経営についての知識やノウハウもなく，また母親亡き後，事業後継者としての将来にプレッシャーを感じたことは想像に難くない。

しかし，本人が若女将として経営者の自覚を持ち，また平成10（1998）年佐藤理事長が中心になって若手人材育成のために開校した「青経塾」（詳細後述）に入塾してからは，新たな知識の吸収に情熱を燃やし，同時に同じ世代の仲間たちと立ち上げたキャンペーン活動へも積極的に参加した。この様子を見ていた佐藤良治氏は，彼女に仲居などの旅館の仕事について，一通りの修業を積ませた後は，経営に関しても役員として任せていった。因みに，佐藤良治会長は長女に全権を譲った後，公益社団法人国際観光旅館連盟常務理事，全国旅館ホテル生活衛生同業組合連合会副会長（平成25（2013）年4月永年の業界活動により黄綬褒章受章）という要職を歴任し，現在は滋賀県全体の観光振興のために（社）びわこビジターズビューローにて引き続き活躍されている。

「びわ湖花街道　佐藤良治会長・佐藤祐子社長」
（著者撮影）

他方，佐藤祐子氏は「青経塾」では入会当初は広報を担当し，同時に「花街道」専務として自旅館が率先して同地区旅館のISO14001の取得推進を心掛けたり，「廃棄物回収会社」と協力して各旅館の調理場から出る廃油の一括回収を手掛けるなど，一温泉旅館経営者の立場に留まらず雄琴地区の活性化にも大きく貢献している。

「湯元館　針谷　了会長」（著者撮影）

もう１人の企業家である針谷了氏の場合も，早くから家業に関係し，父親の経営を間近に見てきた。祖父が開業した温泉旅館も幾度かの経営の危機を何とか工面しながら乗り切り，また大学卒業も無事果たしたが，折からの風俗ブームが終わり４度目の危機の真っ只中，自らの経営に自信を喪失した父親に代わり経営者としての立場を引き受けた[6]。肩書はまだ専務であったが，実質の経営権は針谷氏にこの時から移ったのである。

経営者として「本気」で引き受けた以上は，父親は一切経営には口出しをせず，針谷氏の思うようになったが，今までのやり方では先代の二の舞になると考え，学生時代に培った営業感覚[7] をもとに新企画を打ち出していった。後の役員となってくれる人材とも出会い，経営を引き継いでから１期目で黒字化した。しかし，目玉となるイベントがあるときは儲かるが，それがなくなると低迷することの繰り返しであった。

針谷氏の経営に転機が訪れたのは，平成元（1985）年に全旅連青年部に出向して以降である。そこで出会った人物や体験が同氏ののちの経営姿勢に大きく影響を及ぼすことになる。旅館のコンサルタント会社「リョケン」K氏との出会い，「京セラ」稲盛氏の開催する「盛和塾」での参加などを経て，経営者の責任に目覚めることになる。

稲盛氏が唱える「心を高め，経営を伸ばす」という言葉に感銘し，「企業は経営者の器以上に大きくならない」と述懐している。さらに「お客様，社員，社会に対しての，感謝が一番にないことには，経営というのは金儲けだけになってしまう」という思いは，現在同社の経営理念である伝教大師最澄の教えである「忘己利他」に通じるのであり，またびわ湖花街道の佐藤会長もよく口にされる言葉である[8)]。

それでは，佐藤氏，針谷氏の２人の活動が，やがて個々の旅館経営者の立場を越え，おごと温泉地域の企業家活動として評価されるに至った経緯はどのようなものだったのか。つまり，どのような歴史的・社会的な共通認識が背景としてあったのだろうか。さらになぜその想いが，若者たちを動かし，地域活性化への共通認識へと進展していったのか。

4.2　地域革新のプロセス

4.2.1　偏ったイメージからの脱却

佐藤良治氏が先代より家業を承継し，同社の社長として就任していた昭和の末頃から平成の初頃は，大阪花博（平成２（1990）年）などで同温泉も一時的に潤ったが，その花博ブームも短時間で去ると，当地域一帯は先の風俗業による風評被害が残ったままの状態が続くことになる[9)]。街は寂れ，温泉旅館も廃業に追い込まれるところも出てきた。

おごと温泉旅館協同組合前理事長の榎高雄氏は当時の状況について，「おごと温泉　知的資産経営報告書　2009」の中で「『雄琴』の地名には偏ったイメージが張り付いて家族連れや女性客が遠のいた時代がありましたが，団体旅行客やパッケージ化等でなんとか生き延び，バブル景気で全国の温泉地が活況を呈した時期の低迷も，サービスの質の向上に努め，個人客の需要拡大に向け努力してまいりました」と語っている。

このような寂れる一方の街全体の活性化を目指し，佐藤良治氏は協同組合理事長（当時）として，新たなキャンペーンやイベント（漫画まつり，雪見船，花火大会，ゆるキャラなど）を企画し，陣頭指揮をとったのである。なお，これらのイベントは現在も続いている。

針谷氏も理事として仲間３人で西琵琶湖ファミリーフェスタ，ちびっ子夏祭りなどを実行するが，旅館ごとの事情は異なり，足並みは揃うことは少なかった。各イベント企画は，それなりの効果はあったが，当地のイメージは簡単には変わらなかったといってよい。言い換えれば，両氏の活躍した頃は，いわば「マイナスのイメージ」[10] のピークにあり，その中での個々の旅館中心の活動だけでは，温泉地としての再生復活には限界があった。当時の状況について，同じ温泉協同組合の理事の一員でもあった「湯元舘」針谷氏も以下のように語る。

「親しかった仲間で考えたのは，当時もてはやされた『リゾート構想』に対し，多分雄琴は耐えられないと思いました。むしろ，１泊２日のタイプの顧客が度々来てもらえる『郊外型リゾート』（当地は交通の便も良いし，琵琶湖という風光明媚な環境も揃っている：カッコ内は筆者が補足）を目指すのがよいのではないのか」
「風俗業のイメージをなくすこと，何度も来てもらうには，旅館の品質を高めることが必要でした。しかし，顧客の志向のパターンをどうやれば変えられるのか，そのために試行錯誤を重ねました」
「旅行をする人は，まず場所を選びます。つまり（旅行地に対する）イメージが先行します。だとすれば，風俗業の対極にある『子供』や『女性』あるいは『修学旅行生』を対象にすべきだと考えました」

しかし，現実には当時の雄琴には交通機関の便利さや風光明媚さを除けば，彼らの構想を実現するための環境も整っておらず，手詰まりの状態が続いた。

4.2.2　転機

（1）　ドメイン再定義の企業家活動

もともとおごと温泉は，団体旅行専門の温泉地というイメージが根強かった。しかも男性主体の賑わいによって，いつしか旅館の方も，手の込んだ料理や，素晴らしい施設，丁寧な対応も不要となり，結果としてそのような対応に胡坐（あぐら）をかいてしまうことになる。一部の旅館はこうした方向性の転換には理解を示したものの，団体旅行客で馴染んできたサービスや巨大な設備投資が残ったままでは，協同組合全体としての意見は集約できず，思った以上に地域の改革は進まなかった。

このような雰囲気の中で，針谷氏は「グレードアップした（個人客向けの）ゾーンには需要がある反面，雄琴にはそれに応える旅館がない。しかし，そこに参入するのは商売の常道である」とし，平成7（1995）年に自ら率先して「湯元舘」の経営方針を今までの団体向けから個人客向けの施設に完全転換し設備改装に踏み切った。そして，その成果が徐々に表れていった。因みに，その時のキーワードは「露天風呂付き客室」であり，時代は「温泉ブーム」期であり，女性やファミリー向けの高級化・露天風呂ブームの到来期であった。

針谷氏は，当時のおごと温泉地区を支配していた停滞ムードを打破するために，自らの信念に基づき，リスクを取り，ドメインの再定義に踏み切った。旧来の団体用温泉のイメージから現在のおごと温泉の姿へと大きく変貌するきっかけを作ったのであり，まさに新たな環境変化に対して機敏に対応した点は「企業家活動」として相応しいといえるものだった。

当時の針谷氏が描く温泉地とは，スイスの湖畔の保養地のように，地元の自然を生かし何度でもリピートしてもらえる，素朴だが心休まるリゾート地的な温泉地を目指したという。こうした同氏の考えを受け継いだのが「青経塾」（後述）の卒業生であり，今や各旅館の経営に携わるようになった若手経営者たちだった。

彼らは，針谷氏のやり方を見習い，彼のフォロアーとして，自分たちの旅館経営の方針を大きく転換していく。そこには針谷氏がいう「生物学的に種が多いほどよい。数を追うのではなく，質が問題である。また同質のものだけだと一挙に崩壊するリスクがある」という考えのもと，各旅館も独自色を強める個性豊かな質の高い旅館に変貌していくのである。このことは，カーズナーが唱えた「模倣者であっても新たな機会を利用するにあたり，単純に他を模倣するのではなく，それぞれが個性を持った新たな価値を生み出す企業家」としての精神を受け継いでいく。和室中心にする者，洋室中心にする者，露天風呂に重点を置く者，部屋の飾りつけを凝らす者，宴会に力を入れる者，など約10年の間に，すっかり団体旅館中心からハイグレードな個人向け旅館へと大きく変身した。今まで態度がバラバラであった個々の旅館の姿勢も協同組合の方針に沿う形でまとまっていったのであり，これによって今日のおごと温泉の再生の土台ができあがったといえる。

（2）「青経塾」と「キャンペーン活動」

「湯元舘」の思い切った行動とは別に「びわ湖花街道」は，京都に宿泊できない観光客や京都の寺社の行事の手伝いなどで，何とか経営をつないでいた。その一方で，温泉旅館組合の理事長だった佐藤良治氏は，当時ほぼ同時期に戻ってきた若者たち（のちの後継者）に対し，当初はイベント活動の手助けをさせていた。

板前修業に出ていた者，美大を出て画家志望ながら途中で実家に呼び戻された者，もともと後継ぎとの認識もあって一般企業からＵターンしてきた者など，さまざまな経歴であったが，共通していることは①家業の承継については明確な意識はなく，②経営に関しては全くの素人であり，経験も知識もなかったことだった[11)]。このままの状態では家業承継にも支障が出るとの危惧から平成10（1998）年，佐藤氏の声掛けで若手経営者の育成を目的とした「青経塾」（学習の場）を開設した。

初代塾長に選ばれたのが「湯元舘」針谷了社長（当時47歳）であり，当地に戻ってきた各旅館の若手後継者達が中心になって８名が入塾した。月１回の会合で経営者としての勉強（労務管理・財務管理のみならず経営者としての心構えについて各回外部講師を招聘）あるいは他の旅館施設の見学など計10回の講義を続けた。

また，当時の塾生の心構えとして「我々の誓い」をたてたが，その中には「経営者としての正しい考え方を身につけ，誰よりも努力することを誓う」，あるいは「雄琴温泉の発展の為に団結して行動する事を誓う」という言葉があり，彼らの目標が個別の後継者としての教育に留まらず，地域全体の将来をも視野に入れたものであったことが窺える。

この「青経塾」と，同時に立ち上げた「キャンペーン実行委員会」が彼らの活動にとっていわば「車の両輪」としての位置づけとなるとともに，先人のフォロアーとしての活動から将来の自律的な社会的企業家的な活動に移る「接合点」的な役割を果たすのである。

若い協同組合メンバーにとって，「どうすればイメージアップができるのか」についての度重なるブレーンストーミングの結果，風俗街の存在にこだわるのではなく，顧客と直接対話し働きかけることで，顧客がこちらを向いてくれるように，まず自分自身から改善し，行動すべきとの結論に達する。

「そのために何ができるのか」，「何から手を付ければよいのか」，その結論がキャンペーン活動を利用して，顧客に直接宣伝し，訴えるという策に打って出るということだった。塾が開校されたのと同じ年の平成10（1998）年，新たな泉源として発掘された5号泉が湧いたときは「湯～わっくわっくキャンペーン」という実行委員会を立ち上げ，関西の主だった駅（京都，大阪，三宮など）のみならず，遠くは東京でのJRや県主催のイベントに参加し，ゆるキャラ（「おごとん」）と一緒にPR用のビラを配ることからスタートした。多い時で2月に1回の時もあった。

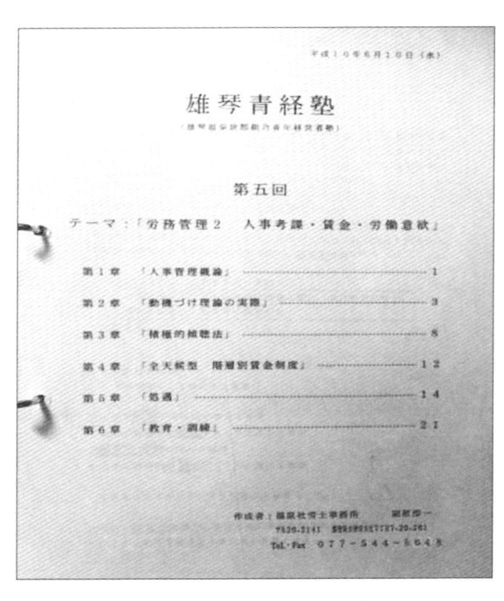
雄琴青経塾

第五回

テーマ：「労務管理2　人事考課・賃金・労働意欲」

第1章　「人事管理概論」……1
第2章　「動機づけ理論の実際」……3
第3章　「積極的傾聴法」……8
第4章　「全天候型　階層別賃金制度」……12
第5章　「処遇」……14
第6章　「教育・訓練」……21

「青経塾講義ノートより」

彼らにとって，キャンペーン活動は未経験でかつ1日仕事であり，途中挫折の気持ちもあったと思われるが，「最終的には，自分らに帰ってくると思って行くから，苦にはならなかった」と振り返る。確かに，彼らの活動も当初は相手側の思わぬ言葉や態度に驚かされ，当惑することが多かった。「行ったら，『雄琴か』みたいな感じで言われることも多かった」のであり，時には「初めのキャンペーンに行った時など，パンフレットさえ受け取ってもらえなかった」こともあったという。

以上の推移を総括すれば，先代の頃からすでに地元でのキャンペーン活動は幾度も実施してきたのだが，なぜ今回はその効果が違ったのだろうか。針谷会長が述べた如く，当時のキャンペーンの実施の時はそれなりの集客が見込めたが，その後はまた元通りの状態に戻ることの繰返しであった。今回もビラ配りやPR活動は同じだったが，大きな違いは，出先の地域ごとの顧客との直接対話が主体であり，双方向のコミュニケーションを通じた顧客ニーズの的確な把握にあったと思われる。すなわち，地域ターゲットを絞ったマーケティング活動であり，また新規に開拓した市場でもPRを繰り返したことが，結果として，雄琴に対するイメージを変え，風評被害からの脱却に成功した要因と考えられる。

当初，雄琴の名前で宣伝がやりにくい中，多少の風評を気にしながらも，続けたキャンペーン活動であったが，やがて，平成19（2007）年～20（2008）年から雄琴のイメージの変化の手応えを感じだしたといわれる。キャンペーン活動でも顧客から「雄琴温泉か。この間行ったけれど，ええ温泉やね」，「雄琴さん最近頑張っていますね」といわれるようになり，手応えを肌で感じたのである。また，遠のいていた修学旅行や家族連れ，女性客が増えだし，また従来は11月が繁忙期だったのが，最近では夏休み頃が次第に忙しくなってきたこともその証だろう。針谷氏は「修学旅行の復活は，おごと温泉のイメージが変わってきたことのリトマス試験紙」と語ってくれたのが印象的である。

針谷氏は当時を振り返って「今となっては話せるが，効果のほどはあまり期待できなかった。むしろ，温泉経営については全く知らない者同士が，温泉のため，地域のために一緒に汗をかき，一緒に努力をしたという，仲間意識を強めることが目的であった（筆者注　この間の努力がのちの若手世代の結束力の源となり，同地の最大の強みとなるのである）。キャンペーンに要した費用より，懇親会の方が高くついた」と話す。しかし，「青経塾」や「キャンペーン活動」の意義は，対外的な効果より，対内的な結束づくりを優先したことにあり，ベクトル合わせに重点を置いたことが，今日の同温泉組合活動の強さの原動力となっていることを物語っている。

前理事長の佐藤良治氏の想いである「若者を育て，皆で仲良く地域貢献に取り組むための『場』づくり」と，それを引き継いだ針谷氏による「青経塾での経営者としての基本の勉強と，お互いが仲良く力を合わせキャンペーン活動などで仲間意識を高める」という目論見が実を結んだのである。そのような若手の活動と実績ぶりを見ていた佐藤良治氏も，安心しておごと温泉の将来を次世代に託すべき時期がきた，と判断したに違いない。

4.2.3　協同組合組織の変革とイメージ転換

現在順調な活動を続けている温泉旅館協同組合であるが，昭和26（1951）年に設立された当時は，あくまで地元旅館の有力者の仲間内の懇親的な集まりであり，活発なPR活動も行われていなかった。また地元住民との関係もあまり親交がなかった（針谷氏）。言い換えれば，温泉地としての雄琴地区のさらなる向上に向けて，地域住民と一体となった盛り上がりに欠けていた。

これらの動きを現在の活動の流れに変えるきっかけを作ったのが，当時の佐藤理事長の下した後任人事に関する決断である。自らの後任として針谷氏を選任するとき「お前のやりやすいようにしてやる」との発言通り，同年輩の役員すべてを同時退任させ，一挙に役員人事の若返りを図った（平成15（2003）年）。

この佐藤理事長（当時）の引退を機に，協同組合組織の在り方を一新させる動きは，当時の協同組合活動の在り方に「非連続的な」ゆさぶりを与え，組合組織に「揺らぎ」を与えることになった。

当時の協同組合役員の平均年齢は62歳であり，後任候補者もいたようであるが，最年少組合役員であった当時51歳の針谷氏を今度は最年長理事長として指名したのである[12)]。そこには，手詰まりの状態にあったにもかかわらず，遅々として進まぬ改革のリーダーの立場として，「新しい発想を持つ世代に自由に任せるべきだ」との佐藤氏の考えがあった。

同時に，佐藤氏と針谷氏の間には，個々の旅館の努力では企業の発展には限界があること，また今後のおごと温泉の将来ビジョンについて「お互いがいがみあうのではなく，皆で仲良くして温泉として発展させることが大切である。そのためには温泉旅館協同組合を活性化させ，地域を再生しなければ生き残れない」という共通の危機意識があったと考えられる。

新任理事長に就任した針谷氏は，自ら育てた青経塾の卒業生たる若手後継者を，親の世代に代わって組合の新役員メンバーとして任命し，今度は組合活動のリーダーとして後継者たちを先導していく。青経塾の卒業生であり，今や各旅館の経営に携わるようになった若手経営者たちにとって，キャンペーン活動での顧客の生の声は，当初かなりショッキングなものだった。逆にこのことで針谷氏の企業家的言動に共鳴し，積極的な彼のフォロアーとして，今度は自らの旅館経営を深く見直すことになっていく。

針谷氏は「数ではなく，質が問題」とした。決して人の真似をすることなく，個性豊かな質の高い旅館に変貌させていくとともに，雄琴地区全体のイメージを変えなければ，個別の旅館がいくら良くなっても限界がある。そのために旅館やホテル名を変更し，あるいは施設の改装という具体的行動に着手しなければならない。言い換えると，先代の経営者の時代では手も付けなかった諸改革を，若者たちは大胆にしかも短期間に行動に移していった。，以下はその具体的結果をまとめたものである。

① 針谷氏が施設改装に踏み切った後，各々の旅館が一斉にこぞって全室露天風呂付きの客室の新館や，別館の併設や，趣向を凝らした露天風呂などの改装に乗り出したことで業績が回復し出した。
　例 「湯元舘」「緑水亭」「びわ湖花街道」などの露天風呂付き部屋への改装
② 従来の団体向けサービスや料理から一転，個人向けの接客やサービス改善に努めたり，創作料理や近江牛を取り入れた郷土料理など，ハード面・ソフト面双方の改善を旅館同士で切磋琢磨し真剣に取り組むことで，顧客の評価も変わりだした。

例　「暖灯館きくのや」→ペットも同伴可,「里湯昔話　雄山荘」→地産地消・自家農園・ハラル料理などの提供，その他近江牛をPR

③　旅館名やホテル名を変更したり，あるいは別館や姉妹館を新設するなど大幅な改装に乗り出したことで過去のイメージが話題とならなくなった。

例　「ロイヤルホテル雄山荘」→「昔話里湯　雄山荘」,「国華荘」→「びわ湖花街道」,「湯元館」→姉妹館として「木もれび」の新設

いずれにせよ，これらの大胆な変革は，雄琴のイメージを変えるためでもあったが，上記の若い世代が中心になって初めて可能になったといっても過言ではない。

4.3　再生期の事業承継（2000～）

それでは，故郷に戻ってきた若者たちが，なぜ故郷で家業を承継することを決意し，その後地域全体の活性化にまで乗り出したのだろうか。言い換えると，なぜそれまでの仕事や勤めを途中でやめたり，切り上げて故郷に戻ってきたのだろうか。あるいは，それまで経験のない旅館業を継ぐにあたり，当時の地元の現実に直面したにもかかわらず，地域活性化まで突き進んでいくことができた原動力は何だったのだろうか。

次節では，第2章（2.2.3　老舗企業にみられる連帯意識）を参考にしながら，当時の様子を振り返ってみることにする。

4.3.1　後継者から見た当時の雄琴の状況

総じて旅館の承継の場合，ファミリー内で後継者（息子，娘）に引き継がせることが原則であり，例外的に番頭など非ファミリーの人材の後継を考える。おごと温泉の場合でも同様で，たまたま時を同じくして後継者が帰ってきたが，当時は前述のごとく全く異なる前職であり，一部を除き後継者としての位置づけは薄かった。また，本人たちも「家業を継承するため」という意識より，親から何度も帰郷を促されて，とりあえず戻ってきたというのが本音だったのだ

ろう。したがって，帰郷してきた頃は，積極的に家業を手伝うということも，また彼ら同士でコミュニケーションをとることもなく，ただ何となく自家の状況を見ながら時間を過ごしていたという。

当時のおごと温泉の状況について，メンバーの1人は，次のように述べた。

「僕らは，正直バブルは知らなかった。しかし平成7年，8年ぐらいというとバブルが弾(はじ)けて景気が悪くなり出した頃なので，もうどっちにしろ，1軒でどれだけ頑張っても駄目だ，というのが見えていた」

「一部の経営者は，おごと温泉全体の先行きというのに不安を感じていたのではないか」

この状態を見た佐藤良治氏は，地元の後継者としての将来に不安を感じたことから「青経塾」を開講，彼らに必要な経営者としての知識を受けさせることを決意した。また，針谷氏は，日頃接触する機会があまりない彼らにチームワークとしての「和」を教えるため，「キャンペーン実行委員会」を立ち上げ，実際のPR活動に携わる機会を与えることにした。そして彼らが青経塾での座学を終え，新たに温泉旅館協同組合の役員となってからは，針谷氏は新理事長として組織のチームワークづくりに本格的に乗り出した。広報担当，IT担当，地元との折衝担当など，自らの強みを生かし，自らが選択した役割に対して積極的に役割を果たすようにそれぞれの担当分野での役割を決めた。彼らは，やがて自らで企画立案，県や市に対する予算補助の申請，グッズなどの品揃え，そして最後は全員で現地でのPR活動に従事するなど，行動力のある協同組合組織を形成していった。

4.3.2　潮目の変化と手応え

いわば，手詰まり状態の中での，「青経塾」の開講や「キャンペーン」活動は先人たちの単なる親心的な行動に留まらず，次世代への責任と期待を込めた想いでの行動でもあったが，予想通り，キャンペーン活動における顧客の反応はすでに述べたように厳しかった。

しかし，「雄琴のイメージを変えなければならない」という想いは，薄れることなく若い後継者の皆が共有していたのであり，またそれをやらないと雄琴は変わらない，と感じたのである。その地道な努力が報われた，言い換えると潮目の変化を感じたのが，遠のいていた修学旅行や女性客が徐々に戻ってきたことに現れた。またキャンペーンでの手応えを感じたのは，客から「ああ，温泉か。この間行ったで」「ええ温泉やね」といわれ，マスコミなどからの取材も増えるなど，少しずつ様子が変ってきたことがある。

キャンペーン活動を続けるうちに，雄琴のイメージを変えるには，顧客に直接訴え，まずは現地に来てもらうことが一番であること，まして過去の風評などを知らない世代には，余計な先入観を植え付けないことも大切だということに気が付いた。キャンペーン活動による顧客への直接の訴えの成果のみならず，同時に「世代の交代」という時代の流れが重なって，今日の雄琴地域の自力による再生は軌道に乗り，「普通の温泉地」として生まれ変わるきっかけを摑んだ。

しかし当時帰郷した若者たちにとって，地元の評価についての認識にバラつきがあったことは否めない。佐藤良治氏・針谷氏２人の企業家たちの持っていた危機意識がどのように若い後継者たちに伝わり地域再生に繋がっていったのか。すなわち「なぜ後継者たちは途中でキャンペーン活動をあきらめず，継続できたのか」「果たしてキャンペーン活動は皆同じレベルの意識でできたのか」「危機意識だけで果たして10年以上も活動は持続できるのか」などの疑問が残る。

一般的にいえば，企業などの再生プロジェクトなどが組まれる場合，短期間かつ集中的な対応措置が中心である（日産やJALの再生事例）。

おごと温泉ではどうだったのか。停滞期が始まったのは昭和50（1975）年頃からであり，潮目の変わるきっかけとなった「青経塾」の開講が平成10（1998）年，さらに後継者たちが地元評価の変化を実感し出したのが平成20（2008）年頃であった。このことは，地域の再生には足かけ約30年以上の年月を要したことを意味する。その間の危機意識についても若者たちの間でも温度差があったことは，組合メンバーの次の言葉によって明らかである。

「どこの温泉地もキャンペーンをやっているから，やるやらないという選択肢はなかった。しかし天然温泉が湧いていて景色も良い温泉地なのにもかかわらず，『いきなりマイナスから始まってかわいそうだね』といわれても，なぜ普通の温泉として初めから売り出させてもらえないのか，素直に『普通の良い温泉が湧いています，というところに来てください』という言い方だけでは駄目なのだろうか」

この言葉は，別の比喩でいえば次のようにいえるのではあるまいか。ちょうど印象派の絵のように，全体的に見れば灰色と見えても，よく見れば黒と白が混在している。自分は「白」と思っているのに，なぜ他の人は「黒」のイメージばかりいうのか。実際に来てみたら「白」もあり，「黒」の部分は一部分でしかない。外から灰色に見えるだけで，実感が全く違う。当人にとって，キャンペーン活動に参加した動機は，「もともとの『白』の部分を実際に見に来てください」ということだったに違いない。

言い換えると，後継者たちのなかにはキャンペーン活動は，先人たちの当時の危機感に対し，あまり地元の事情を呑み込めないままキャンペーン活動に参加したメンバーもいたことがわかる。それが一連のキャンペーン活動における顧客の反応を通じて地元の真の実情を知ることにより，「他人ごとのようだった」危機感が，やがて「自らの」実感に変わっていった。その変化を起こす要因は，２つ考えられる。

その１つは，キャンペーン活動による情報発信だけではなく，地元もその活動の裏づけとして長きにわたる守りの状態から動き出していたことがある。地元のイメージ転換への努力が本物であり，「その変わり様を実際に見に来て欲しい」「もともとおごと温泉は普通の温泉です」という真剣な思いが顧客に伝わったからではないのだろうか。

その背景には，針谷氏のように，いち早くドメインの見直しに着手することで大幅な業績回復を果たし，それを見ていた若者たちは，次に針谷氏のフォロアー（カーズナー的に表現すれば，先の企業家活動の模倣者として）として，自らも後継者として経営見直しの旗振り役となって動き出したということがある。団体向け旅館から個人向け露天風呂付き旅館への改装や旅館施設の名称変更など，温泉旅館全体の一連の見直し運動が同時・連鎖的に起こりだし，キャンペーン活動の裏づけとなったと考えられる。

2つ目は，多くが世襲企業として存続する老舗旅館の後継者として，自らの旅館のみならず協同組合組織を通して，連帯し，真正面から地域全体の再生にまで取り組んでいったことである。当初の認識のバラつきを縮められたのは，世襲企業という逃れられない宿命を背負った若者たちが，協同組合という疑似家族的な組織の中で自らの考えをぶつけあい，侃々諤々の討議であっても，途中で妥協をしなかったからではないだろうか。そこには，互いを理解しあう信頼感と許容性を共有していたからこそ平仄を合わせることが可能になったといえる。後述するように，協同組合の強みであり，結束力は「全員一致」を守ることであり，青経塾やキャンペーン活動で培われた連帯意識が根底にあることが大きな布石となっている。

4.3.3　家業の承継と周囲からの支援

さて，彼ら自身の家業の承継はどうだったのだろうか。キャンペーン活動を繰り返す中，途中で脱落するようなことはなかっただろうか。当初はなんとなく故郷に戻ってきた若者たちであったが，途中で家業承継やチーム活動から逃れられないという責任感が強くなったのは，やはり「青経塾」やキャンペーン活動を通じて培われた連帯意識，信頼感が大きく影響していたと考えられる。信頼できる仲間としての結束こそが組合組織の勢いの源泉であり，そのために仲間の脱落には気を使い，情報を共有することが大切であると強調する。

彼らの親の世代の場合は，お互いに棲み分けをすることでそれなりの安定を保っていたが，漸次引退し世代交代の時期を迎えつつある。同地区での個別の家業承継が徐々に進んだのは，①「青経塾」あるいはその後の協同組合活動における針谷氏のリーダーシップによる人材育成を信頼し，もしくは②若者たちの実活動振りをじっと見守ったことが背景にあった。

当初若者たちは協同組合のPRの一環として気軽に各地でのキャンペーン活動に参加したのだが，地元の評判について「顧客の生の声」を直に聴くにつれ，大きなショックを受ける。しかし，そのような経験を積む中で，次第に旅館後継者としての自覚とチームワークの大切さを培っていったことが，彼らの経営者としての人材育成に大きな役割を果たした。

同時に，彼らの事業承継にあたり忘れてはならないのが，「経営者教育」と「お金」の問題である。帰郷してきた当時は，彼らの多くは経営者としての経験は未知数であった。一部の金融機関は旅館の融資に関しては消極的であったともいわれるが，他方では融資を継続し，同時に積極的に若者たちの経営者教育の支援をした銀行もあった。

その後，バブル崩壊後新規融資に慎重になっていた金融機関も，他の温泉地とは異なった活動振りや「湯元館」の設備投資の成功実績の効果を大いに評価する方向に変わっていった。当時の金融機関にとって，決して地元から逃げることのない後継者たちが，将来立派な経営者としての活躍に期待と信頼があったに違いない。

青経塾では基本的な財務管理や労務管理などを学んだにすぎなかったが，キャンペーン活動を通じた現場経験や後継者仲間同士の励ましが相俟(あいま)って，外部研修などに自ら進んで参加したり，不足する知識の吸収のために講師を招聘するなど，その後の研鑽も継続している。また旅館施設の場合，時代とともに顧客のニーズが変化し，昨今の外国人観光客の増加によって絶えず設備更新や新しいサービスの必要性への対応（例えば　Wi-Fi装備）にも迫られている。彼らは，ライバルであると同時に良き仲間として，日々の試行錯誤の中で模索し，切磋琢磨し，相互モニタリングによって自制するなど，一人立ちの出来る責任者として立派に育ったのである。

図表17 「温泉の歴史と雄琴地区の展開」

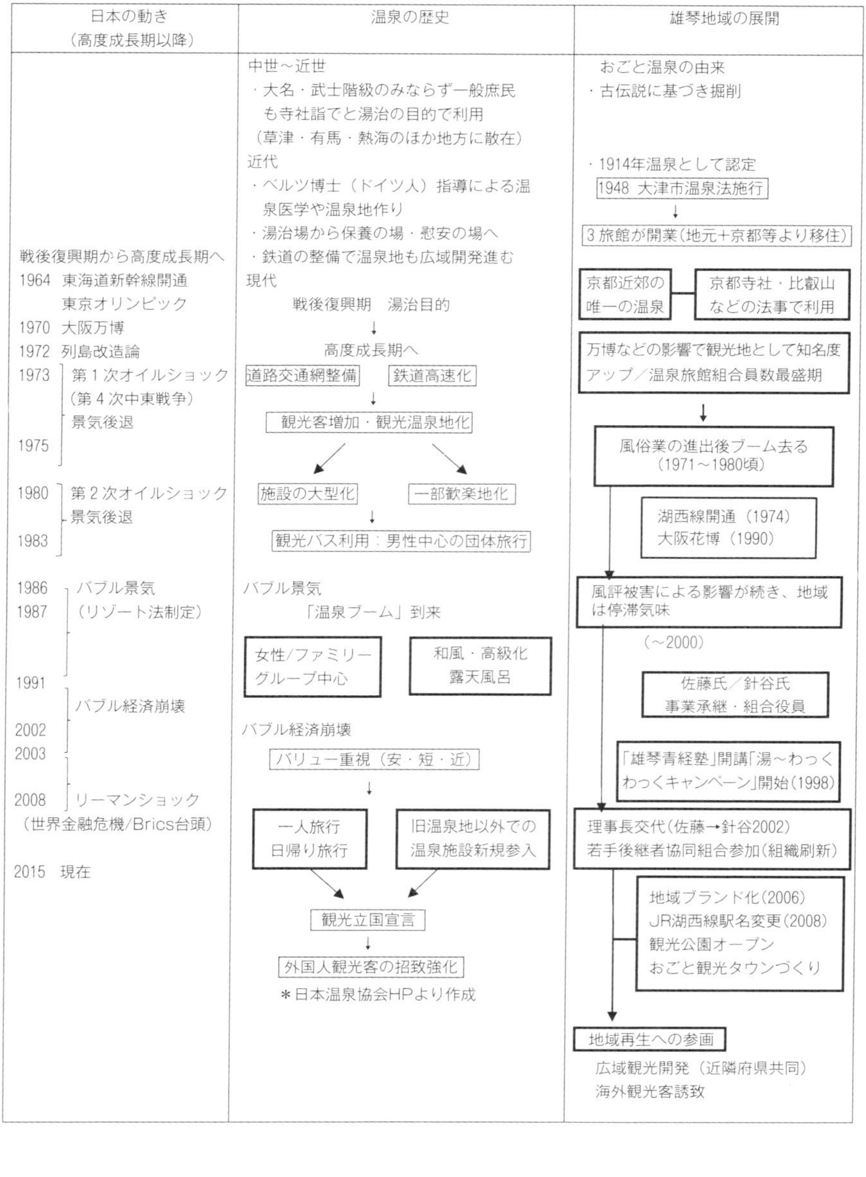

日本の動き（高度成長期以降）	温泉の歴史	雄琴地域の展開
戦後復興期から高度成長期へ 1964　東海道新幹線開通 　　　東京オリンピック 1970　大阪万博 1972　列島改造論 1973～1975　第１次オイルショック（第４次中東戦争）景気後退 1980～1983　第２次オイルショック 景気後退 1986 バブル景気 1987 （リゾート法制定） 1991～2002 バブル経済崩壊 2003～2008 リーマンショック（世界金融危機/Brics台頭） 2015　現在	中世～近世 ・大名・武士階級のみならず一般庶民も寺社詣でと湯治の目的で利用 （草津・有馬・熱海のほか地方に散在） 近代 ・ベルツ博士（ドイツ人）指導による温泉医学や温泉地作り ・湯治場から保養の場・慰安の場へ ・鉄道の整備で温泉地も広域開発進む 現代 戦後復興期　湯治目的 ↓ 高度成長期へ 道路交通網整備　鉄道高速化 ↓ 観光客増加・観光温泉地化 ↙　↘ 施設の大型化　一部歓楽地化 ↓ 観光バス利用：男性中心の団体旅行 バブル景気 「温泉ブーム」到来 女性/ファミリーグループ中心　和風・高級化 露天風呂 バブル経済崩壊 バリュー重視（安・短・近） ↓ 一人旅行 日帰り旅行　旧温泉地以外での温泉施設新規参入 ↘　↙ 観光立国宣言 ↓ 外国人観光客の招致強化 ＊日本温泉協会HPより作成	おごと温泉の由来 ・古伝説に基づき掘削 ・1914年温泉として認定 1948 大津市温泉法施行 ↓ 3旅館が開業（地元+京都等より移住） 京都近郊の唯一の温泉 ― 京都寺社・比叡山などの法事で利用 万博などの影響で観光地として知名度アップ／温泉旅館組合員数最盛期 ↓ 風俗業の進出後ブーム去る（1971～1980頃） 湖西線開通（1974） 大阪花博（1990） ↓ 風評被害による影響が続き、地域は停滞気味 （～2000） 佐藤氏／針谷氏 事業承継・組合役員 「雄琴青経塾」開講「湯～わっくわっくキャンペーン」開始（1998） 理事長交代（佐藤→針谷2002） 若手後継者協同組合参加（組織刷新） 地域ブランド化（2006） JR湖西線駅名変更（2008） 観光公園オープン おごと観光タウンづくり ↓ 地域再生への参画 広域観光開発（近隣府県共同） 海外観光客誘致

むすび

総じて，低迷する企業や組織に共通することは，環境のわずかな変化に対して，機敏な対応が取れないことが多い。変化に気づいたとしても，その事象の展開の先読みを誤るか，あるいは様子見をすることで意思決定を先延ばしにし，結果として立ち直れない状況に陥るのである。

本書で取り上げた２人の経営者のうち佐藤良治氏のとった手段は，あえて非連続な「組織人事の新たな組み合わせ」によって組合組織を目覚めさせるものだった。もう１人の針谷氏は，当時の観光業界で主流になりつつあった個人やファミリーの旅行志向の変化の中に新たなビジネスチャンスを見出し，他の旅館に先駆けて団体旅館から個人向け旅館に向けての「ドメインの変更」へと機敏に対応した。いわば，この２人の経営者は，環境変化の中で協同組合組織の変革を主体的に行い，他者に先んじてリスクを取りながらも極めて能動的に行動し，おごと温泉の活性化の口火を切ったのである。規模の大小はあるとはいえ，両者の行動は企業家的活動に類するものといえるものだろう。

さらに，それに続いた若者たちにとって，経営とは全く関係のないところからの見様見真似の出発であり，試行錯誤の連続であった。しかし「仕事は人をつくる」と言われる。やがて温泉旅館協同組合という疑似家族的な組織を通じて経営者人材として育つのと同時に，チームワークを遂行する上での「和」の大切さを学ぶ組織人としても成長した。そこには，周囲の顧客や金融機関などさまざまな関係者の厳しいながらも地元の復活に声援を送る姿勢があったことも忘れてはならない。

次章では，これらの若手人材がさらに温泉業界の企業人に留まらず，地域全体の活性化，再生に向けてどのようにして組合組織を改革し，その活動範囲を広げていったのか，パラダイムの変化経緯をたどっていこう。

【注】

1）江若鉄道は，大正７（1919）年の鉄道施設免許に基づき，近江と若狭とを結ぶ目的で設立された鉄道会社。琵琶湖西岸に沿って滋賀県大津市の浜大津から滋賀県高島郡今津町

（現高島市）の近江今津駅までを結んでいた。現在は江若交通と改め，湖西線沿線で路線バスの営業を営む。

2）詳しくは「びわ湖花街道」ホームページ　http://www.hanakaido.co.jp/「湯元舘」ホームページ　http://www.yumotokan.co.jp/ 参照。

3）広瀬（1984）p.30

4）広瀬（1984）p.43

5）坂口香代子（2008）p.96

6）針谷氏によると，当地の老舗の世代交代に関してこんな話もあるという。「ここ近江で残っている慣習に『おし込め隠居』というのがある。これは過去の話でもなく，今でも生きている。例えば，先代には月50万円の手当を渡すが，会社の役職にも一切就かせることもなく，毎日ゴルフ三昧というケースも聞いたことがある」事業承継のケースとしては稀かもしれないが，老舗の事業承継をスムーズに進め，若い世代のパワーを発揮させるには，必要な措置ともいえなくもない。

7）針谷氏は，学生時代から営業の手伝いをしていたが，ある旅行代理店の低価格で大盛りの料理をパッケージした広告チラシを見て，その後の営業のコツをつかんだという。

8）「湯元舘」ＨＰ「館主 Private Site」より一部引用（「忘己利他」の経営　湯元舘社長　針谷了）。

9）風評のため，当時の旅行案内書の中には「雄琴温泉」の地名を記載しなくなったものもあったという。

10）ここで述べる「マイナスのイメージ」とは，当時の雄琴は風俗業の進出により，本来の温泉地ではなく，「歓楽街」という偏ったイメージのみが先行し，それが広く世間に広まった状況をさしている。

11）当時の塾生も現在30代～40代となったが，一部は他社に就職した後同地に戻ってきた，いわば「他人の飯を食ってきた」人材である。因みに佐藤裕子氏も３年間ITベンチャー企業で秘書として勤務していた。

12）世代交代として，「青経塾」の卒塾生の若手５人が一挙に同温泉旅館組合の役員に就任。経験が少ない彼らであったが，針谷氏は，各自の強みをもとに担当分野を決めた組織体制を作るとともに「キャンペーン実行委員会」を立上げ。以後大きく「発想の転換」が進むことになる。

歴代の「おごと温泉旅館協同組合理事長」（参考）

	氏名	旅館名
初代	針谷　末吉	湯元舘
２代目	佐藤　傳三郎	国華荘
３代目	針谷　和雄	湯元舘
４代目	金子　基文	琵琶湖グランドホテル
５代目	中路　桂一郎	
６代目	佐藤　良治	国華荘（1988～2002）
７代目	針谷　了	湯元舘（2003～2007）

８代目	榎　高雄	雄琴荘（2008～2012）
９代目	金子　博美	琵琶湖グランドホテル（2013～）

出所：「おごと温泉　知的資産経営報告書2011」より抜粋

第5章

新生おごと温泉とコミュニティづくり

前章では，先人たちの先駆的な行動とそれに追随する若者たちの活動について，企業家活動の視点を中心に述べた。しかし，これらの活動も，そのままでは個別の温泉旅館のみの活動に留まるであろう。見方を変えれば，いくら1つの企業が頑張ったとしても地域全体の活性化には程遠い。いわんや，旅行業界や温泉業界におけるおごと温泉のイメージは極めて偏った風評の中にあったのであり，通常以上の努力がなければ浮上できる環境ではなかったと思われる。同温泉はどのようなプロセスを踏んで地域全体の活性化にまで発展できたのであろうか。本章では，温泉旅館のメンバーの地道な活動の集積によって，地域全体のイメージが転換していった経緯を調べてみる。

5.1　協同組合と地域連携活動

5.1.1　従来のイメージの払拭を目指す

キャンペーン活動を通じて分かったことは，今まで情報発信が少なすぎたことであり，その解決策としておごと温泉についてキャンペーンやネット情報を通じてまずは来てもらい，風評と違うことを体験してもらうことが大切ということだった。今でこそ積極的となった情報発信についてそのきっかけとなった駅名変更について語らねばならない。

当時のおごと温泉にまつわる歓楽街のイメージを払拭するため，さまざまなイベントを実施する傍ら，平成2（1990）年頃から温泉協同組合が中心になり，平仮名表記の「おごと温泉」で統一して使用し始めた。その一方で，最寄り駅も「雄琴駅」から「おごと温泉駅」へと改名すべく運動を開始した。これは，地域の再生を目指した先人の意思を引き継ぎ，協同組合の若手経営者たちが「それなりに自分たちの中で，どうすれば変わるかというところを計画的に考えてやった」のである。

大津市に風評被害に関する要望書を提出するなど，由緒ある「雄琴」の名前を捨ててまで駅名を変更したのは，当該温泉地区全体の並々ならぬ決意があったと思われる。彼らは，交代で駅前に立ち，利用客に駅名変更要望書の署名を求めて約5年が経過した。JRから駅名変更の条件として，関連費用はすべて自前，地元の反対がないこと，の2つであった。結果として，大きな反対もなく，地域住民と一体となった地道な署名運動も奏功し，最終的に駅名変更となったのは平成20年（2008）であった。その間集めた要望書は約3万2千人に上ったといわれる。こうして雄琴は，湖国一の歴史を持つ温泉地としての姿を取り戻していった。

「私は，風俗街のイメージをゼロにする必要はないと思います。別にそうと思っている人は，それはそれでいいのではないのか」「来た人が『ここ良かった，また行こう』その積重ねで口コミになって広がっていくことが大切です」（佐藤祐子氏）

つまり，全国の温泉地でも，どんな辺鄙なところでも稼働率90%の旅館があるのは，旅行客にとって満足する価値があることに他ならないのであり，アクセスの利便性はあまり関係ない。おごと温泉もそのような顧客満足を目指してブラッシュアップしていくということになる。

「おごと温泉駅」（著者撮影）

JR おごと温泉駅前の「六角足湯」（著者撮影）

さらに，地元住民との共存を図る一方で「京都の奥座敷」「湖畔の湯の街」のコンセプトのもと，「雄琴温泉」の地域ブランドの向上策として，特許庁がスタートさせた「地域ブランド」（地域団体商標）の第1号として「雄琴温泉」は商標登録認定（同時認定されたのは黒川温泉と下呂温泉をあわせて3つのみ）を受けた（平成18（2006）年）。個々の旅館の営利活動の範囲を越えて地域との共生を目指すなど「雄琴温泉」というブランドの向上こそが重要という，佐藤祐子氏の話を裏づけるものだろう。

5.1.2　地元住民との関係づくり：「足湯と温泉公園」

おごと温泉は，一部を除き大津市の集中一元管理によって配給されているため，一般地元住民が自宅に自由に温泉を引くことはできない。温泉は専ら旅館施設用として掘削されてきた。

平均温度は温泉としては低いため（約30℃），一度湯沸しをしてから利用しなければならない。地域住民にとって温泉地の繁栄は雇用や商売のメリットを除けば，日頃の接点が少なかった。またせっかく，駅名を変更したにもかかわらず，JR 駅前に何らかの温泉 PR 用の施設がなかった。そこで，まず協同組合は手元資金で観光客向けに大津市坂本の日吉大社前にある早尾地蔵尊にある六角地蔵堂を模して「足湯」を作り，JR 側からの要望にも応えた。

次に，観光客のみならず地元住民利用も考慮した「外湯」を計画し，行政に申請したが，予算の関係で「足湯」に落ち着いた経緯がある。現在は，温泉公園にも「足湯」を設け利用客も増えている。もともと温泉旅館は地元住民とはあまり接点がなかったが，この足湯は住民にも好評で，地域との距離を縮めるコミュニティづくりに役立っている。このほか，定期的に一般住民に対し，温泉を開放するサービスも実施するなど地域との親交を深めている。

もう1つ協同組合が力を入れていることに，街づくりのための環境の整備の問題がある。他の温泉地に見られるような温泉情緒を醸し出すために，まずは温泉公園を旧小学校跡地の利用として温泉地域の中心に作った。もちろん，城崎や有馬のような著名温泉地とまではいかないが，「ここなりにどうやって作るか」「来ていただいたお客様に何をしてもらうか」を考え，今度は地元も含めたお客目線で利用者側にも注力していくという。

因みに一昔前は地元の人すらあまり利用することもなく，「平成7～8年頃は，老人会，西国回りの客，あとは土建屋，慰安旅行の団体客ばっかりだった」地区は着実に変わりつつある。

組合メンバーにとって「もう少し温泉らしい街並みでなどインフラを整え，地域の人たちが，おごと温泉観光公園を中心にして飲食店などを出店してもらい，食べ歩きもできるような温泉地らしい温泉地になれば，地元住民とのコラボレーションもっと可能になる」との思いは強いが，組合員全員の合意までにはう少し時間がかかるのかもしれない。あるいは，環境整備のため当地区での「ごみゼロ運動」についても，「この町を大事にしようと思えばゴミもなくなるし，そのために手作りの看板も作りたいが，その一方で『予算ありき』との発想で話を進めようとすると話がまとまらない」と地元住民との共生の難しい現状も存在する。

5.1.3　新しい「場」づくり

「おごと温泉の最大の強みは9軒の旅館の結束力である」（榎高雄前協同組合理事長）。協同組合全体で今まで盛り上げてきたイベントには，ノルディック・ウォーキングやヘルスツーリズムなどのスポーツ色が強いものだった。昨今では，おご

「おごと温泉観光公園」（著者撮影）

と温泉という地域を活かす計画として，滋賀県，大津市，びわこ成蹊スポーツ大学などと共同の広域連携活動として「おごと温泉ハブ＆ステイ・ツーリズム」計画[1]を立ち上げ，「おごとニューヘルスツーリズム」として温泉の効能と琵琶湖湖畔の自然・歴史・文化を生かした「通い型」湯治サービスの取り組みを始めている。将来的には同地域をネットワーク化し，関西広域での観光の「ハブ」を構築することで，新しいおごと温泉のイメージづくりを目指すという。

また，最近では海外からのインバウンド客が増加し，国内温泉地として認知され，国内ファミリーや夫婦連れ客も珍しくなくなってきたが，ではその先どうするのか。

利用者層の広がりを深めるために外国語を話せる人材の採用やITインフラの整備という方法はもちろんあるが，同時に新たな環境変化に対応するには，従来のような京都の延長としての位置づけのみならず，おごと温泉を声高に言う前に，大津や滋賀などの魅力も併せて情報発信をしていかなければ，最初からおごと温泉を選んでもらうことは難しい。

幸い周辺には比叡山や三井寺，あるいは戦国時代の坂本城址等多くの寺社や遺産があることから，まずはこれらの施設と連携し，「『京都まで行っているのなら，滋賀県に行かないで帰ったのか，それは残念だな』と言ってもらえるくらいの期待を裏切らない整備が必要となってきている」と語る（金子博美氏）。そのためには温泉施設のみの利益を越えて地元住民と協働で地道な街づくりが不可欠であることは言うまでもない。佐藤祐子氏もこれからのおごと温泉地について次のように語る。

「私たちが思っているのは，自分たちだけで考えて動くのではなく，雄琴という町，大津市という都市，それから滋賀県という大きな括りで考えていくべきである。そして，関西というエリアの中で，雄琴という街を地元住民と協力しながら，どうつくりあげていくべきか」

この言葉は，組合メンバーの立場は「自分たちで描いて，ただ単に社員教育をして事業承継していく」だけではなく，「街づくりには地域の地元住民との共創が必要であり，同時にどのようにそのバランスを取っていくのか」という課題に対して，全員で取り組んできたことを意味する。今や彼らの活動はおごと温泉地に留まらず，周辺地域を巻き込んだ広域活動となりつつあるといえよう。

5.2　再生プロセスの触媒：協同組合の組織文化

おごと温泉の再生に触媒的な役割を果たした協同組合は，どのような理念のもとで運営されていたのであろうか。もともと近江は，京都や奈良に隣接し，日本海に接する若狭湾も近く，多くの人が交わってきた場所である。江戸時代から明治時代にわたって，近江商人[2)]と呼ばれる多くの大商人が数多く出現したが，彼らの精神も，「三方よし」[3)]と呼ばれているように，常に「利他」の精神を持つことでしぶとく生き延びた歴史がある。

他方，こうした社会的背景が通底となって，自己のみの繁栄ではなく，地域全体で同温泉を向上させたいという考え方が同地区において生きているのであり，伝統的な地域に特有な疑似家族的な関係を協同組合は保ちつづけている。いわば，誰もが昔からの顔見知りである狭い社会や組織における競争は，サービスの向上と地域の活性化に繋がる反面，均一的なサービスや施設による価格競争は互いが収奪しあうことになりかねない。結果として，地域全域の低迷とモラールの低下をもたらし，疲弊化させることになる。協同組合が生き残り，後継者を育成するための機能を維持するには，過剰な競争を抑制する自制的精神を引き続いて守っていくしかない，という訓えに繋がっているといえるだろう。

5.2.1　同業者間の不文律：「経営はまねても商品はまねない」

「びわ湖花街道」の佐藤祐子社長は「共倒れにならず，かつお互い刺激し合える集客を目指す」という不文律を守ることが雄琴温泉地区発展には不可欠と考えており，またこの9軒（平成27（2015）年現在）の旅館は互いに連携しながらも独自色豊かなネットワーク型の共存スタイルを実践している。

このことは，針谷会長の「種は多い方がよい。生物学的多様性を重んじる」という言葉からも窺えるように「同業では決して『量』を追う競争はしてはいけないし，価格競争のような低次元での戦いはやめるべきである。また，同質のものに偏ると，客の評価によって，一挙に崩壊するリスクがある」あるいは「経営はまねても商品はまねてはいけない。例えば九州のまねは良いが，同地

「近江商人と信仰」

近江商人の経営理念である「陰徳善事」（陰で密かに良い行いをして見返りを求めない）は，「正当な利益で得た生きた金を使って社会奉仕をする」という企業の社会的責任を認識しているところにある。初代　伊藤忠兵衛は「商売は菩薩の業」という仏教の訓えを守り，謙虚さと悪心を抑える規範性を重んじた。

歴史的に見ても室町～戦国時代は浄土真宗が盛んで当時蓮如が堅田に一時期本拠地を置いたことから近江に浄土真宗を信仰する商人が多く輩出されたこともある。

末永（2000）によれば，近江商人と信仰心の結びつきの強さについて「家業の永続という独力では手の届かない強い願望を実現し，困難な営利活動を支える，精神の拠りどころを必要とした」のであり，「信心は悪心を抑え，家業永続の助けとなるばかりでなく，他領へ入り込んで，海を渡り雪の広野や夜道，山道を一人でたどってこそ宝の山に分け入ることのできた近江商人にとって，無事息災を願い勇猛心をかき立てるのに欠かせなかった」のである，「近江商人は浄土真宗をはじめ，浄土宗，天台宗，禅宗など仏門に帰依することが多かったが神道や儒教も排除しなかった」。その背景には近江商人は自らを他国ものであるという意識があり，地元に根づいた経営（飢饉等で地元民が困っているときには，無理な借金取り立てをせず，自腹を切って施米，施金を行う）など，日頃から地元の便益を考える経営姿勢が非常時の対応に現れたといわれる（武蔵国　矢尾商店　秩父暴動事件）。

（末永（2000）pp.220～221）

区での施設のまねはやめる」を組合メンバーに徹底させている。

因みに組合メンバーの施設はそれぞれ異なったコンセプトで旅館や施設を運営している。例えば,「びわ湖花街道」のメインコンセプトは「大正ロマン」であり，湯元館は「湯めぐり（施設内に4つの温泉がある)」，と9軒の旅館の独自性を尊重する。また，仮に自施設で賄えない場合，他のメンバーを紹介することで独自色を維持する。

針谷氏は経営について「温泉旅館の経営は概して非科学的，KKD（経験と勘と度胸）である。データを科学的に分析し，計画し，全社員が協力一致できる環境を作るには，『経営』はまねるべきである。そうしなければ，低賃金と高借金から抜け出すことはできない。顧客の創造のために，独自の商品開発が大切。安易に『商品』をまねると競争が激化するのみで，これでは『和』を保てない。」と説く。

5.2.2　共同体としての「組合の運営」の考え方

先代からの教えは「攻めは共同，守りは自己の力」だったと佐藤良治会長は語った。つまり，同業でのキャンペーン活動などは皆で統一行動をするのが原則，しかし各旅館経営に関しての問題については口出しをしないし，悪口を言い合わない。

例えば，過去にやっていたような手形の個人保証などはしないため，場合によっては仲間の旅館の廃業や売却問題なども数年前まであった。その場合でも，組合の中では介入の賛否が問われたが，結局他業者による買収に甘んじることになった。厳しいルールによってメンバーの経営を縛るのではなく，「緩やかな（出入り自由な）共同体」としての認識がある一方，お互いが自らの経営責任を持ち，決して他人に迷惑をかけないという自律の精神を尊重する。

同様な趣旨について，針谷会長は「お金は分裂の原因を作る。下手をすると仲違いをするし，そうなったら誰が責任を取るのか」，「公営施設の運営受託の場合でも，手持ちの資金がなくなるとやめるとの合意のもとで開始した。追加負担が発生したらやめる。行政には頼らないし，近江の発想は『分相応』を守ることである」と語る。

同地における共同体の運営は，「運命共同体」というような厳しい戒律による縛りを原則とするのではなく，あくまで，協力はするが，それも分相応に基づく堅実性・自律性が根底にある。9軒が地域に密着した仕事をする一方で，お互いの自律性を尊重すると同時にあくまでも自助努力を守るという厳しいスタンスを貫くことで仲間間の緊張関係が保たれている。

5.2.3　全員一致の組合ルール

おごと温泉組合の強みは，すべて9軒の旅館の意見一致を原則としている点にある。ただし，その真意は，厳密なルールに基づく意見一致ではなく，組合という場における発言の結果，「全員一致に着地できる」と考えている点にある。では，なぜそのような一致が可能になるのだろうか。

針谷氏がリーダーであった頃は，年齢差もあり，総じて簡単に合意してきたが，同氏の退任後は，やはり一旅館の経営者としての立場からものを言わざるを得ないことも多々出てくる。確かに，「不文律という書かれざるルールのもとでの競争には関係者の真剣さと絶えざる改革を引き出せる」[4)]が，経済状態が悪化することで不文律が崩れると価格中心の同質的な競争となる事態も否定できない。

組合メンバーにとって，情報を共有し，軒数を減らさないことが一番大事であり，もし自分のところが評判を下げれば，結果として雄琴全体の評価が下がるという危機感と，連帯的な責任感と緊張感をもって日々切磋琢磨することが何より大切だ，との共通認識がある。確かに全員一致のやり方の難しさは否定できない。しかし，針谷氏という強力なカリスマ的なリーダーが去り，新たな課題が出てきている中で忘れてはならない前提として今のおごと温泉の立場は，もう後戻りはできない「普通の温泉地」として生き残ることが決まっている。

たとえ協同組合内で，侃々諤々の議論で意見が分かれても，最後に全員一致体制が守られるのは，「青経塾」と「キャンペーン活動」でともに学び，ともに苦労するうちに，互いの力量や行動パターンあるいは本音がわかり，単独で抜け駆けをしないという信頼感と自制心が根底にあるからだろう。さらにこれらの全員一致体制が後の協同組合組織内での討議や行動原理に活かされ，他の地域には見られない自律意識と結束力を生み出したという歴史的な重みもある。これらの実績が相俟って，現状を打破し，新たなパラダイムに移っていく原動力となって，将来のおごと温泉の発展に繋がっていくのではないだろうか。

例えば，日頃の温泉旅館協同組合での定例会議の席で，組合賦課金の分担や巡回バスの利用などをめぐって意見の食い違いなども時には起こるという。規模の異なる各旅館の経営者の立場として，意見の食い違いは当然である。そのような時でも，彼らは組合の結束力に絶対の信頼感を置いているからこそ，最終的合意に着地できる。

「(外から見ると) それぞれがバラバラに動いているようですが，それぞれが歩んできた人生と歴史と，その旅館の魅力とおごとのまとまりと，みんなDNAの中に一体感と団結力とチームワークが擦りこまれているので,『我が我が』とやっている人はいません。むしろ『みんなのために』で動いているので，結果繋がるのだと思います」(佐藤祐子氏)

つまり針谷氏が「青経塾」で，まず心掛けたという，「皆で仲良く」という教えがしっかりと守られている。言い換えれば「地域でお互いを尊重しあって協力するコミュニティがもつ気風を維持するには，モニタリングと自制が必要」[5)]といわれるように，おごと温泉でも同様にお互いの発言や行動に対する牽制機能が働く。

因みに，同温泉組合員以外の地域からの新規参入や不文律を守らない業者が出てきても，組合の同意なくして配湯の権利は大津市からは与えられない。同地域のルールは名実ともに守られる仕組みになっている[6)]。

「雄琴の地域文化」

びわ湖花街道の佐藤会長は「雄琴の地域文化」について次のように語る。雄琴の地域文化の背景には，①「琵琶湖への信仰」と②比叡山延暦寺開祖伝教大師最澄の「一隅を照らす」「忘己利他」，の2つがある。特にこの考えが同地区の旅館すべてに共通するものでも，また広く若い世代にも通用するものでもない。しかし，同会長の経営理念には，「琵琶湖はまさに土着の資産であり，そこから生まれてきた発想」があり，それが現在の経営姿勢に反映されている。同時に，雄琴の歴史からもわかるように比叡山を始めとする寺社との関係が古くから存在していた。したがって，同地に対する比叡山の影響は当然ともいえるものであり，なかでも開祖伝教大師最澄に関する法事は，おごと温泉の経営に深くかかわってきた。これらの訓えや行事も経営者としての佐藤氏に大きく影響を及ぼしたことは想像に難くない。

雄琴は，琵琶湖との関係が深い。「水」は生命の根源であり，「きれいな空気」「きれいな水」「豊かな心」という要素の維持のために琵琶湖の環境整備は当然のことと，佐藤氏は語る。「水は自分のためにだけ堰き止めてはならない」「常に『利他』のことを考えて行動することが経営者に求められる」のであり，「一隅を照らす」という教訓は，自らの職場で活かされている。

むすび

この章では，「青経塾」のリーダーであった針谷氏とその参加者である若手経営者たちの活動によって，おごと温泉地区全体が変貌を遂げる経緯をみてきた。風評被害の中から生き返らせるきっかけとなったのが，決してブランド（商標登録）や温泉の効能のみによるものではなかった。協同組合の仕組みを変革した先導的な2人の経営者の企業家活動，あるいはその想いを受け継いだ若者たちによる顧客ニーズへの積極的対応や行動力によって各旅館のドメインの見直しという連鎖をもたらした役割は大きい。それと同時に，①古くから伝わる「利他の精神」が活かされた共同体的な風土と文化に加えて，②「お互いを潰しあう過剰な競争を回避するが，決して他人のまねをしない」，そして③

「全員一致のルールを尊重する」といった不文律を全員で守っていくという強い連帯意識が，協同組合組織の新たなパラダイム7)を形成し，日常の行動原理となっていったことも地域の活性化には不可欠な要素であった。その結果として，彼らの地域住民への働きかけが理解され，やがて行政や大学などの第三者機関からも共感を持たれるに至ったのである（新たなパラダイム構築に向けての組織変革）。

【注】

1）金井（一）（2012）のいう企業家活動Ⅱ：「企業家プラットフォーム」に該当する

2）「近江商人」について

近江商人とは近江国内のみで商売をする「地商」と区別し，広域志向の商人をいう。上方商品と地方物産の有無を通じる「持下り商い」であり，近江を在所としながらも広域に店舗を展開した。江戸時代の社会環境が整備されるにつれ少人数で天秤棒を担いで出かけた。・出身地別に，①八幡商人（江戸日本橋にいち早く開店した西川甚五郎などは麻布，蚊帳，畳表を主として扱う），②高島商人（琵琶湖を通じて日本海側の小浜や敦賀，さらに蝦夷地や奥羽に進出した），③日野商人（八幡や高島より若干遅れてほぼ全国に漆椀，売薬，帷子，小物など特産品を扱った。元禄時代に発展），④湖東商人（江戸後期から末期にかけて活躍。範囲は松前から九州に及ぶ。主として絹布，生糸，麻などの産物廻し商法であり，主に大衆需要品を脇街道住人や農漁村民を取引相手とした）に分かれる。

3）「三方よし」（売り手よし，買い手よし，世間よし）前川・末包（2011）p.87，p.93。

この言葉自体は，近江商人の家訓には出てこない。近江商人の研究者である小倉榮一郎氏が提唱したもので，五箇荘の近江商人中村治兵衛家の家訓「他国に行商するも，総て我事と思わず，その一国一切の人を大切にして私利をむさぼることなかれ」が，その理念を最も端的に表しているといわれる。

4）山田（2013a）p.218

5）山田（2013a）p.221

6）新規に参入した「ことゆう」は自前である。

7）ここでいう「新たなパラダイム」とは，個々の利益を考えつつも地域全体の利益との共存をはかり，新たな街づくりに取組むという概念

＝第Ⅲ部＝

おごと温泉の事例が教えるもの

那波加神社付近にて（著者撮影）

第6章

おごと温泉は なぜ風評被害から脱却できたのか

日本の旅館の多くは「おもてなし」を重視し，サービスは一流であっても，財務体質が脆弱か，マネジメント力が弱いか，によって，「家業」としての「守り」の経営スタンスを維持するあまり，本来の潜在的な強みを生かし切れていない場合が多い。また，個別の事業承継はモデル化するにはあまりに多岐にわたる要素を含んでおり，一概に正解はない。老舗旅館の場合，伝統と慣習の問題が絡む中で，どのようにすれば本来のサービスの品質を維持しながら，生き残りをかけての事業存続のみならず，さらには地域の活性化に貢献できるのだろうか。

通常，組織は安定的な（それは固定的，保守的な性格を持つ）運営がなされている場合，その行動原理やパラダイムを変革することはかなりの難しさを伴う。おごと温泉の場合も，風評被害の影響が30年あまり続く中で存続したことは，言い換えればそれなりに安定的な（固定的な）組合組織の運営がなされていたことを意味する。

それでは，このような風評被害を受けた状態から脱却するために，先人たちによる非連続な企業家活動とイノベーティブな挑戦が可能となったのはなぜか。また，その後を引き継いだ若手後継者たちの動きが，単なる家業の承継の範囲を越え，温泉旅館協同組合組織の変革，さらには地域全体の活性化に至るまでの一連の流れを生んだのはなぜか。

本章では，おごと温泉の自己革新の推移を今一度整理しながら，これらの命題に答えていくことにしよう。

6.1　風評との闘い　～なぜ企業家活動が必要だったのか～

6.1.1　偏ったメージを跳ね返す

「風評被害」。まず「風評」という言葉を辞書でひくと，「世間の評判・とりざた」とあり，さらに「風評被害」とは「風評によって，経済的被害を受けること」（広辞苑）とある。具体的には，事実や情報を正確に伝えていない噂によって被ったと考えられる被害ということを意味している。最近では平成23（2011）年東日本大震災における福島県の農作物などに対する風評など，数えればきりがない。特に金融関係では「風説の流布」に対する刑事責任を問われるほど厳重な対応が必要である。しかし，一般的に云われる「風評被害」では，多くの場合，根拠のない，いわば意図的につくられた噂によって現実と乖離したイメージが広まることによって不安を煽ることから，逆に長時間にわたってその被害が続くことがある。自らの頭で考え，物事の真実を見極める目をもつことの必要性を理解はしても，簡単には払拭できないのも事実であろう。

本書の事例となったおごと温泉も長年風評被害に悩まされ，人並みの努力ではその偏ったイメージから抜け出すことができなかった。再度の繰返しにはなるが，本来，風俗街は旅館エリアとは別であり，別々の事業体であるにもかかわらず，温泉旅館と歓楽街とを同一視されたため，おごと温泉は本来の姿と異なったイメージで捉えられることが多くなった。温泉業界のみならず，一般顧客の間でも評判を落とすことになり，一部の団体客以外寄り付かなくなった。この頃から長年にわたる風評被害と闘わざるを得なくなったといえるが，しかし一旦広まった風評を消すには通常の努力では不可能であり，遂には非連続的な活動を起こす「企業家」という強力なリーダーシップを発揮できる人物の登場が不可欠だった。当時の状況を示す証左の１つが，第３章（**3.3**）で示した「データ／資料からみたおごと温泉の状況」である。バブル期以降約30年もの間，日本全体の「温泉地宿泊者数ベスト100」（日本温泉協会）では，おごと温泉は60～70位前後のランクが続く状況にあった。

本事例でも，佐藤良治氏，針谷氏などは自身の家業承継後は，新しい企画を打ち出し事業を続けたが，それも次第にマンネリ化し，イベント的な短期間の盛り上がりのみに終わった。その理由は，旅館が主体となった限定的なPR効果に留まり，地域住民まで巻き込んだ広域的，持続的な動きに繋がらなかったからと思われる。したがって，過去のイメージチェンジまでには至らなかった。

イノベーションを起こすには，新たな付加価値をつける革新への挑戦者として，「能動的」「革新的」「リスクテイキング」の活動ができる企業家的志向と同時に，新しい市場の開拓とマーケティング活動による顧客ニーズの把握が必要であることはすでに述べたが，従来のイベント中心の方法のみでは何らの改革も起こらなかったのである。

そのような状況のなかで，針谷氏は，事業承継の後，新たな環境に対応すべく「第２創業」ともいえるドメインの再定義に踏み切った。それは安定期（ライフサイクルの中での成熟期）に入った会社は，これまでの延長線上では大きな成長を望むことは困難になると判断し，「慰安旅行が主の団体客向け旅館」から「個人・家族客向け旅館」という新たなコンセプトによる経営を軌道に乗せようとするものであった。その背景には，平成２（1990）年以降のバブル経済の崩壊に伴う日本の観光パラダイムの変化[1)]が起こっていたのであり，それに対して以前から考えていた「郊外型リゾート」を念頭に，従来とは全く異なる個人向け旅館施設へと大胆なチャレンジに踏み切ったのである。

見方を変えれば，彼のとった行動は，それまでの固定的なパラダイムに基づく日常行動の否定であり，周囲の後継者たちに対して大きなインパクトを与えることになった。彼はまた，自らの新たなパラダイムを伝えるために，「郊外型リゾート」という具象的な「見本例」を示したが，これは後の若い後継者たちフォロアーにとって彼の意図する想いを理解する上で極めて有効に影響を及ぼしたといってよい。

さて，彼の決断と行動こそが，結果としておごと温泉を長期のネガティブなイメージから脱出させる契機となったが，その一方で，他の同世代の旅館経営者の動きはどうだったのだろうか。風俗業進出後，対象とする顧客層の違いや業績への影響の違いはあったにせよ，当時のおごと温泉の状況についての認識は当然共有していたと思われる。しかし，それでも地域全体への動きとしての街づくりにまで盛り上がらなかったのは，各旅館の規模や体力の違い，あるいは顧客向けサービスの内容（例えば大型施設旅館では団体旅行向けのサービスが主であることに変化はない）の見直し，あるいはきめ細かな品質への転換などの必要性が少なかった，などが原因となって，統一的な組合活動を起こすまでには至らなかったと思われる。

言い換えれば第２章（2.3.1）で述べたように「コップの中の水がまだ半分ある」のか，それとも「コップの中の水が半分しかない」のかという環境変化に対する認識の違いが，その後のおごと温泉の行方を変える引き金になったといえる。

同じように，おごと温泉の過去のイメージ脱却のきっかけをつくった，もう１人の先人である佐藤良治氏の行動についても考えてみよう。彼は，もともと協同組合理事長として後継者を育成するといういわば「親心」的な発想から「青経塾」を開講した。しかし，それよりも注目すべきは，同氏の協同組合理事長交代時に下した意思決定である。総じて温泉旅館協同組合や観光協会の位置づけは，地元と観光客との交流の場を受け持つことを目的とした同業者の懇親的な集まりであることが多く，組合の全面的な統一活動はあまり期待できないケースが多い。

そのような組合活動の手詰まり状態の中から脱出するため，彼のとった組合組織の人事刷新や組織の整備にも注目すべきである。すなわち，自らの後任理事長として組合組織のリーダーシップをとった針谷氏と同様，ぬるま湯的な現状を否定する企業家としての能動的な行動である。佐藤氏も地元の行く末の不安と危機感から，敢えて組合の若返り人事を図った。新たな発想のもとでのビジネスチャンスを見出し，同時に若い後継者たちが新しい付加価値をもたらしてくれることを期待した上での行動だったといえるが，反面それは極めて「大きな賭け」でもあったに違いない。

しかし，ここで何よりも大切な事実は，後継理事長として針谷氏を指名するにあたり，周囲の反対を排除したことにより，佐藤氏から針谷氏につながる一連の協同組合組織の変革が可能となる素地がつくられたことにある。なぜなら，針谷氏を除けば，帰郷したばかりの若い後継者達は経営者としての経験は皆無であり，いくら「青経塾」で学んだとはいえ，全く経営者としての知識も覚束ない中での決断だった。これ以上の時間的猶予は許されず，また若い後継者たちをしっかり教育しなければ，同温泉地の将来はないと考えた。当時の佐藤氏の目に映ったのは，キャンペーン活動を通じて徐々に成長していく若い後継者たちの行動力であり，それによって密かな期待が芽生えたことも否めない。その結果，佐藤氏は上記の決断をしたと思われる。

佐藤良治氏や針谷氏にとって，おごと温泉の置かれている状況，いわば風評被害からなかなか抜け出せない「ジレンマ」に業を煮やし，このままの状態の延長上には新たな発展の希望の持てない「地獄」を見ていたのではあるまいか。２人の行動が，このような慢性的な雰囲気の漂う協同組合を救う原動力となったのは紛れもない事実である。この２人の行動は，企業家活動であることは否定できない。

後継者たちの活動軌跡も見ておこう。針谷氏の大胆な経営手腕を目のあたりにした若者たちにとって，彼は「青経塾」や協同組合のリーダーであると同時にカリスマ的存在に映ったに違いない。業績のＶ字回復を間近に見ていた後継者たちは，全く疑う余地もなく針谷氏の掲げる「郊外型リゾート構想」をお手本として，自らの旅館改革の旗頭となり，積極的に地域イメージの転換へ乗り出していった。施設の改装に踏み切る者，施設名を変更する者，いずれにせよ，先人経営者たちができなかった「おごと温泉のイメージ転換」を，彼らは着実に実現していったのである。

前述のように，針谷氏は自らが感じ取った「日本の観光パラダイムの変化」

をいち早く後継者たちに伝えるために，「スイスにある湖畔型郊外型リゾート地（例えば，ルツェルン　著者注）」という見本例を繰り返し用いて，イメージを植え付けたのである。これは，たとえば，湯布院の「ドイツの湯治場」，あるいは黒川温泉の「自然の雑木林の中の温泉」といった他の温泉地区における地域再生のケースと類似する。第2章（2.3.1）で述べたように，抽象的メタファー（隠喩）の説明には，具体的な見本例によってイメージの内容を伝える，というのが極めて重要な意義を持つ。佐藤祐子氏は，この針谷氏の想いが今でも維持されていることについて，次のように語ってくれた。

「青経塾のとき，針谷会長がヨーロッパの方，確かスイスかどこかの湖沿いに古城があって，何とも言えないリゾート地がある。そんなふうにしたいとみんなで語っていた。みんなその想いは変わっていない。（だから）このあたりを銀色の建物の超近代的な町にしたいということは全く思っていない」

この言葉でわかるように，当時針谷氏が熱く語ったおごと温泉の将来像は現在もしっかり当時の若い後継者たちの心に残っている。言い換えれば，企業家の夢として語られたストーリーがその追随者たちによってフォローされ，現実の中では多少形は変えつつも，メンバーの共通の認識として受け止められた段階で，今度は自らの実感となって生き続けたといえなくもない[2)]。

先駆的な企業家の役割とは，組織の成長性をいち早く見極め，一方ではリーダーとして能動的かつ革新的な行動による実績へのこだわりを示しつつも，他方ではフォロアーに対して危機感や将来像を明確に伝えることにある。いわば試行錯誤の連続の中で，メッセージを繰り返し送り続けることが企業家の役割である。おごと温泉がブランドや温泉の効能による差別化ではなく，自己革新できたのは，2人の先駆的な企業家活動に始まり，次世代の後継者がそれぞれ先人の想いのフォロアーとして企業家活動を維持継続していった結果である。そして彼らが決してバラバラに行動するのではなく，常に具体的な共通のイメージを持ちながらも仲違いをすることなく，先人の教えや教訓を日常行動原理として守ったこと，が大きな要因であった。

6.1.2　地域活性化へのみち　～企業家活動から社会的企業家活動へ～

おごと温泉は，昔から琵琶湖という天然資源と寺社仏閣の歴史的遺産のある風光明媚な温泉として存続してきた温泉地域であった。しかし，交通の便の良さが災いし，突然の風俗業の進出により一躍全国的に歓楽街として有名になったが，その支払った代償はあまりにも大きかった。当地がこのような浮沈の中で，今日まで「普通の温泉地」として生き延びたのは，決して通常の温泉地としての努力だけではなかった。ましてや，個別旅館の営業努力だけでは地域全体の動きにまで影響は及ぼすことはできなかった。

地域全体の革新に至るまでの駆動力となった企業家活動を考える時，まずミクロ的，先駆的な活動レベルからメゾレベル（地域）のそれに至るまでの段階的な経過はどうだったのか，すなわち行動主体である若い後継者たちが企業家として育ったあと，どのように社会企業家へと意識改革をしていったのか，そして彼らの活動が地域全体の活性化にどのように繋がっていったのか，を考えてみる必要がある。

上記の疑問を考えるにあたり，例えば伝統産地における地場産業のケースが参考になる。伝統産業のビジネスシステムでは，工芸技術の継承とそれを担う人材の育成がなにより重視されるのであり，①人材育成の仕組みづくり，②顧客の人材育成機能，③過剰でない競争状態の維持，の３要素が大切である。伝統産地では，スポンサー的な大手企業などが存在しない，いわば弱者連合ともみられる反面，幾度かの危機的状況から脱却し生き残れた背景には，これらの地域独自のビジネスシステムと人材育成があったと考えてよい[3)]。

同様の視点からおごと温泉の事例を考えると，①人材育成の仕組みとして，針谷氏をリーダーとする協同組合でのPRのためのキャンペーン活動は，一方では生の現場体験という実践の場での教育であり，他方，針谷氏のとったドメインの再定義という企業家活動は，それを間近に見た後継者たちにとって事業承継をするにあたって自信と期待をもたせたこと，②顧客の人材育成機能については，各地でのキャンペーン活動先での顧客の厳しい意見に耳を傾け，世の中の環境変化を「身近に，しかも自分のこととして」捉える絶好の機会となったこと，③過剰でない競争状態の維持については，当地区の歴史・風土としての「他者の真似をしない」不文律の存在が，協同組合活動の制約要因であると同時に，逆に外部に対する結束力の源としての役割を担うという大きな意味を持っていたこと，が挙げられる。

彼らが後継者として成長した背景には，「青経塾」で学んだのは与えられたプログラムによる知識だけでなく，仲間同士が試行錯誤の模索の中で考えた手作りの「キャンペーン活動」を実践し，その結果を確認できたこと，それに対して真摯に応えてくれた顧客の反応から得られた自らの故郷の真の姿への気づきがあったことに他ならない。言い換えれば，個別の家業を優先的に考えた利益獲得活動だけでは，このような大きな成果は得られなかったのであり，地域全体の革新のためには，営利を越えた行動や精神をもった「社会企業家的活動」があって初めて問題解決することができたのではないだろうか。「青経塾」の入塾時に誓った「雄琴温泉の発展の為に団結して行動する事を誓う」という言葉が活かされた瞬間といえよう。

さらに，おごと温泉地域の歴史と文化の中で育った若者たちの活動が，顧客のみならず，地元住民や支援金融機関という広範なステークホルダーから，地元復活のための活動として「正当性」を認められることで，手探りで始めた社会的企業家としての活動に自信を持つことができ，やがて地域社会の触媒となって異分野組織との協働や行政の参画の機会を生み出すまで至った。

この事例では，ミクロベースの企業家活動が先導役となって，やがてメゾレベルの活動に至り，その後社会企業家活動といえるまでに発展していった。しかし，彼らの社会企業家としての活動は緒に就いたばかりである。言い換えると，やっと「普通の温泉」になったのである。今後この活動が持続していくには，「戦略的事業活動」による経済的側面と地域に対する社会貢献的な側面の両立を図り，「地域における付加価値を新たに掘り起こしていく社会性」ともいうべき段階にまで進めていくことが望まれる。

現在進めている「おごと温泉ハブ＆ステイ・ツーリズム」運動が地域活動の「企業家プラットフォーム」となって，個々の旅館の業績向上のみならず，地域全体の活性化に繋がっていくことが期待されている。まだまだ時間がかかるかもしれないが，この運動が地域革新に貢献し，その真価を発揮することを見守っていくことが必要だろう。

6.2　協同組合組織は企業家活動によってどのように変革されていったのか　～組織内から見た変革の推移～

停滞していた当時のおごと温泉の協同組合の組織はなぜ変革できたのだろうか。その場合，次の２つの要因が考えられる。

まず，１つ目の要因として「パラダイムの変革」を考えてみよう。組織の活性化には，単独の世代だけでは終わらず，次世代への継承が必要になるケースが多いが，実際のところなかなか容易ではない。新旧リーダーの交代時に起こるのは，新リーダーの出現と旧リーダーの引退がセットになっており，旧リーダーの過去の成功体験が美化され，固定化されている。そのため，その後を引き継ぐものにかなりなプレッシャーを与えることになる。しかし，組織の活性化がうまく行かないと，マンネリ化というジリ貧に陥るのであり，いわば生活習慣病のごとく自覚症状のないまま，組織は硬直化する。したがって，組織の高齢化による硬直化を回避し，活力をもたらすということが次世代継承の重要なポイントであるが[4)]，これは見方を変えると「パラダイムの変革の難しさ」そのものを反映している[5)]。

本事例における佐藤氏から針谷氏への協同組合理事長交代時では，幸いにして「パラダイム変革の難しさ」という問題を生じることにはならなかった。つまり引継時に「お前のやりやすいようにしてやる」という言葉どおり，次に予定していた理事長候補を引退させ，10歳以上若い当時51歳の針谷氏に新理事長のポストを譲った（前述）。因みに，当時の協同組合役員の平均年齢は62歳。

このことは後の地域再生のために極めて大きな意義をもった。つまり佐藤氏のとった行動は，パラダイムの変換時における「政治的抵抗」を排除することを意味しており，後任者の針谷氏が自らの持論を展開する上で，スムーズに活動ができるいわば「御膳立て」をしたことを意味する。

当時すでに旅館経営者であり，協同組合の一役員として活動をしていた針谷氏にとって組織を改革するには，これ以上の好条件はなかったといってもよい。それまでのしがらみを打ち消し，全く白紙の状態で組織改革と後継者教育に臨めることを意味した。高齢化による組織の硬直も結果として回避できたのは，このようなゼロからのスタートで，針谷氏による企業家活動が十分な効果を発揮できる素地があったといってよい。

次に２つ目の要因を考えてみる。たまたま同時期に地元に帰郷した若い後継者たちにとって，世襲企業という家業から逃れられない立場にあったにもかかわらず，事業承継については，当初無関心か消極的，しかも経営に関しては全くの素人であった。このような状況を危惧した先達が用意したのは，「青経塾」という学習の場であり，「キャンペーン活動」という協働作業の仕組みを通じたチームワークのための場であった。彼らがそこで学び，後の協同組合で実践したことは，経営の知識の実践だけではない。顧客と直に接し，顧客から地元の評判についての生の声を聴くマーケティングを実施することで，逆に自らの置かれている立場を自覚し，地元の再生は決して他人事ではないことの気づきであった。

それは，「（雄琴の）イメージを変えるには自分たちがやるしかない」「最終的に自分たちに返ってくる」という信念と責任感を呼び起こし，さらに互いの協働作業で汗を流した結果得られる仕事に対する成果への自信につながっていった。「青経塾」という学びの場は１年間あまりという短期間で終わるが，その後の協同組合を通じて，先人たちの企業家としての活動を目の当たりにし，「事業承継」とは自らリスクをとり，自ら革新を進めることと知ったのである。どうすればこのおごと温泉が普通の温泉地として生き延びることができるか，しかしそれは先人の行動をまねることでない。彼らにとって協同組合とは先代たちの頃の単なる懇親的集いの場ではなく，個々の組合員の問題であると同時に，協同組合全体に突き付けられた生き残りをかけた課題解決のための真剣勝負の討議の場とでもいうべき存在であった。彼らの行動原理は，皆に同調することではなく，本音で意見をぶつけあい，対話し，しかし最後に全員納得することであった。

以上の状態について，もう一度第2章（2.2.3）で述べた「老舗企業にみられる連帯意識」を援用してみることにしよう[6)]。すなわち，老舗温泉という家業から逃れることはできない後継者たちにとって「離脱」は難しいが，しかし決して否定的にならず，むしろ徐々に芽生えた自らの組合組織や地域に対する「忠誠」心の中での活発な「発言」こそが組織の連帯を維持し，対外的には組織の強みとなることを協同組合内での活動を通じて自覚した。そしてそのことが，結果として停滞する組織の活性化のみならず，地域革新の原動力になることに気づいたのである。自らが置かれた環境から逃れられない宿命の中での切磋琢磨がもたらした賜物ともいえるのではなかろうか。

本事例では，「青経塾」あるいは協同組合という疑似家族的な場を通じて，協働について学び，体験し，やがて地域の再生という課題についても真正面から取り組み，意見の食い違いがあっても仲間同士が自力で乗り越える方法を習得したことを取りあげた。現場から逃げることもなく連帯感を深めたという事実から見ても，この場の存在は，「個々の温泉旅館の集まり」以上の意義をもっていたのである。

さて，協同組合組織の現在の動きとして，社会的企業家活動をどう進めているのか，少しフォローしてみよう。針谷氏の存在が大きかった段階では，彼からの情報を基に，その意味を考え，それに基づいて様々な行動（各地におけるキャンペーン活動など）をすれば十分であった。しかし，針谷氏がリーダー役を降りた段階からは，自分たちでパラダイムのサイクルをどうするかを考えざるを得なくなった。彼らは組合活動に関する「全員一致」のポリシーを原則とし，同時に組合組織の中で侃々諤々の討議をすることで，意思の統一を図り，次の新たなパラダイム（現状の「個別の旅館の独自性を活かしたパラダイム」から「地域全体を巻き込んだ街づくりのパラダイム」）へ駒を進めようとしている。具体的には「おごと温泉ハブ＆ステイ・ツーリズム」計画を立案し，他の自治体や大学との「社会的プラットフォーム」の形成の段階にまで進んだ。ただ，いまでも全員一致のポリシーを頑なに守るのは，時として集団浅慮（groupthink）に陥る可能性もあったが，組合活動の基盤として個々の温泉旅館の利害を乗り越え，反対意見や異論を許容し，議論を重ねるプロセスをしっかりと踏むことで，幾度かの食い違いも回避してきた経験と実績があったからである。

最後に，この事例での「事業承継における人材育成」のあり方について触れておきたい。若手後継者たちの人材育成は，同族経営の内部だけならば，営利事業としてのレベルを越えて視野を広げることは難しかったに違いない。老舗旅館の経営者の育成には，通常自社組織内での教育が「主」であり，横のつながりである協同組合活動は「従」であるケースが多い。しかし，おごと温泉の場合，若手後継者たちが経営に関する経験がなかったがゆえに，先人達が用意した「青経塾」が主たる教育の場として活用され，さらに協同組合が彼らの活動を助長する組織として機能した。しかも，経営者として経験が全く白紙の状態からの勉強であったことが，メンバー間の大きな知識の格差を生まなかったことも幸いした。

キャンペーン活動などを通じた生の現場での経験は，当時の若者たちにとって大きな衝撃であったが，逆にこれに勝る人材教育はなかったのである。逃れられないファミリー企業という縛りの中での集団的活動は，一方では相互牽制と連帯を，他方では第三者の支援や介入のない独自の活動を生み，やがて地域文化や風土を活かした新たな地域社会づくりにつながっていったと考えられる。

6.3　おごと温泉はどこに向かうのか

関東地区での手軽な保養地といえば，箱根，熱海，伊豆，あるいは草津といった首都圏近郊の温泉地がすぐに思い浮かぶ。他方，関西ではどうだろうか。城崎，白浜，有馬といったところであり，地方に足を延ばすなら，九州では別府や由布院，あるいは四国では道後なども知名度が高く選択の対象として挙げられるだろう。

おごと温泉の位置づけはどうだろうか。かつては湯治専用であった当地は，江若鉄道の発達，その後湖西線の開通，あるいは琵琶湖の水上交通の発達に伴い，京都からＪＲ湖西線で約20分という地理的な利便性がPRされるようになり，城崎や有馬とは違った温泉地・保養地として着実に利用客を増やしてきた。

最近では，訪問客数は日帰り客の伸びもあって，コンスタントに年間のべ50万人を超すようになった。これは①周辺の京都・大阪からの観光客のみならず，近隣地区の地元住民らの利用も増えたこと，②昨今のインバウンド客の増加や，さらには③政府の施策である「ふるさと割」による効果，等が背景にあると考えられる。このようなおごと温泉の現状について，いくつかの項目についてその後の変化の様子を聞くことができた。

6.3.1　おごと温泉の新たな位置づけ：「郊外型リゾート」としての役割

おごと温泉は京都のみならず長浜などからも近いこともあり，当地を中心に周辺近隣を中心に訪問客が増えている。言い換えると，各観光拠点と当地を結び付けることで「ハブ温泉」[7)]として機能させることが目標となっている。

しかし，同温泉地区は城崎や有馬と異なり，「温泉街でのそぞろ歩き」ができないため，折角訪問客はチェックインしても時間を潰すところがなかった。そこで試案として始めたのが，「お散歩クルーズ」である。時間的にはちょうど午後４時ごろから１時間のコースであり，下船と同時に各施設にチェックインできる仕組みとなっている。現在この企画は土日しかやっていないが，ほぼコンスタントな利用客があり好評である。これはまた，将来大型観光船「ミシガン」の寄港を実現させるための実績づくりの意味も兼ねているという。いずれにせよ，平均的な宿泊日数は１泊２日であるため，延泊を期待するには，どうしてもウォーキングなどのアクティビティの効果を狙うか，あるいは比叡山など文化的歴史遺産などとの組み合わせをすることに注力する必要があることは間違いない。その意味でも，上述の「ハブ温泉」（最近では「ハブ＆ステイ」をスローガンにしているが，これには「HAVE A NICE DAY」の意味も含ませるという）に注力するには意味がある。

また当温泉区には，みやげ物屋や飲食施設も少ないことから，温泉街のある他の温泉地区との競争面では，個々の旅館がどのような付加価値をつけて他との差別化を図るか，が大切な課題となる（地域間のみならず，地域内競争）。ペット同伴で宿泊ができたり，あるいは，従来からの中国，韓国，香港以外にベトナムやタイなど東南アジアからの観光客に対して自家農園や「ハラル料理」に注力しているところも出てきている。また最近では，「ふるさと割」の関係もあって，東海・福井地方からの来客もあり，同時に滋賀県内の他の地区（湖東，湖北）からの訪問客も気軽に利用するようになってきた。

また，おごと温泉地区（大津以北も含む）は関西からの通勤圏になってきており，居住者が急増している（新住民の割合は約７割）。別の見方をすれば，おごと温泉の過去の歴史を知る住民が少なくなり，いわば関西のベッドタウン化が進んでいる。この状況を針谷氏は，「コンビニ的」と表現する。つまりすでに同地域には異なる文化を持った新住民が入り込んできているが，旧来の住民にとってアレルギー的な存在でもなく，特に邪魔となることもない共存の関係になりつつある。他方，同地区は首都圏の近隣リゾート地としての箱根・伊豆・熱海などと同様な「身近なリゾート地」としての役割を持ち始めており，おごと温泉の利用客層が近年また変わりつつある。

男性客中心の団体旅行向けの地区であり，歓楽街としての知名度の方が本来の温泉地としてのそれより高かった時期は遠ざかり，女性客を中心にした個人客や学生のゼミなど少人数グループにシフトしたあと，最近ではさらに同じファミリーも含めた個人の固定客や近隣地区住民の身近な「心のリフレッシュ」のための保養地へと変貌しつつある。針谷氏によれば「旅行は人間にとって必需品」であり，「心の癒し」を提供することが大きな意味を持ち始めているという。

おごと温泉は先人たちの努力に始まり，その後継者たちに繋がる連繋で見事に蘇ることができた。「普通の温泉」となった今，おごと温泉はどのような方向性を見出そうとしているのか。そのヒントとして，針谷氏は「質」の問題を取り上げた。同氏によると2つのポイントがあるという。1つは妥当な料金，2つ目は再訪客の確保である。つまり，それなりの金額に相応しいサービスの提供であり（これはなにも過剰なサービスを意味するものではない），顧客も自らの価値観に相応しいサービスの「質」が提供されるとわかれば再訪することは間違いない。言い換えるとイベントや観光といった要素とは異なる「心のリフレッシュ」こそが究極のサービスなのであり，おごと温泉もこのような顧客満足のための選択肢の多様化を考えるべき時期になりつつある。

6.3.2　協同組合を核とした共存共栄

おごと温泉における特徴であり，強みは協同組合における意思決定の方法にある。同温泉が30年間近く被った風評被害から脱却できたのは，2人の先駆的企業家活動がそのきっかけとなったこと，さらにそれをフォローする若手経営者たちの連帯と結束にあったことはすでに述べた。それでは，その後この協同組合での意思決定方法はどのような経過をたどっているのであろうか。

現在，理事長職は針谷理事長が去った後，持ち回りでそのポストを務めている。その間，地元住民との交流を深めるために雄琴温泉観光公園を開設（元雄琴小学校の跡地）し，地元の物産品の販売や，観光案内所の他に，地元住民や観光客向けの施設として足湯を設置した。休日は主として観光客の利用が多いが，それ以外の週日は地元住民が多く利用し，コミュニケーションの場となっている。

また，現在は行政・自治体の他，歴史文化遺産施設や交通機関（JR，京阪電車，琵琶湖汽船）などと精力的に交渉を進め，「ハブ温泉」としての雄琴温泉を目指している。前述した，「お散歩クルーズ」や「びわ湖を周遊するパノラマウォーク」などの企画を進める一方で，比叡山延暦寺，坂本，堅田，その他琵琶湖周辺の歴史的遺産地域と積極的に連携し，おごと温泉の知名度アップのための誘致運動に注力している。

協同組合の活動は，いまやかつての若手後継者が中心に行ったキャンペーン活動から，役割分担を重視した組織的活動に移行してきている。当時の若者だった後継者も現在40歳代から50歳代となり，ほとんどが各施設の責任者または経営者となったことで，定例月１回の会議でも中長期的なテーマより，直近の問題解決が優先される必要性も出てきた。

しかし，前述のように同温泉の大きな特徴ともいえる強みは，たとえ侃々諤々の議論をしても最後は温泉協同組合の結束が壊れることに対する危機感が根底にあることは，当時と全く変わっていない。仮にどこかの旅館が閉鎖されるようなことが起こると，それは他の旅館にとってプラスになることではなく，むしろ一蓮托生の運命となること，またこれ以上の減少は対外的な交渉などにおけるスケールメリットがなくなることなど，をしっかり理解した上での合意形成の形を守っていることにある。

今後，誰が理事長職に就いたとしても，この根底部分にある共同体意識と繋がりが守られていく限り，組織の中での決定には最終的には従うことに異論はないというのが，メンバーの異口同音の答えであった。

他の地区にみられるような安易な価格競争については，針谷会長時代から厳しく指導された「他のマネはしない」「必ず皆で仲良くすること」「お互いが非難したり，批判したりしない」という不文律が守られている。たとえ多少の価格帯の不揃いがあっても，それはメンバー間で合意のできる設定範囲に留まっている。つまり，一旅館だけが抜け駆けすることは組合の和を崩すことになり，結果として全体のためにはならないことを知っているからである。むしろ，彼らの関心は，「いかにして付加価値を高め，１泊２日のパターンから延泊を可能にするか」にある。

このような協同組合の共同体的な動きについて，企業経営におけるガバナンスの視点からも考えてみると，次のようにいえる。「よりよい経営」とは，株主のためだけにでも，また経営者や従業員のためだけにでもない。会社がステークホルダーに対して，バランスよく経営を維持できるためには，関係者の相互信頼が根底にあり，互いのチェック機能が働いていることが前提である。おごと温泉の協同組合が現在なお大きな支障もなく運営できている理由の1つに，この相互牽制と相互信頼がうまく機能しているのである。

6.3.3　地域住民や関係団体のプラットフォームとして

従来から滋賀県は製造業の県として知られており（東レ，京セラなど），まだその傾向は変わっていない。しかし，最近の観光ブームによって，滋賀県内での他の地域である，彦根の遊歩道，近江八幡のポケモンや長浜の黒壁等の街づくり，街おこしの動きによって湖東地区での誘客活動が顕著になっている。またテレビのドラマの影響なども一役買っている。他方雄琴地区では映画のロケなどにも利用されているが，まだまだ湖東地区に比べると地味だといわれるのかもしれない[8)]。

以前は，広範囲な観光PRについては大津市観光局に任せだったこともあったが，最近ではおごと温泉旅館協同組合自らが積極的に働きかけるようになった。また最近では，近隣の世界遺産である比叡山延暦寺，西教寺，三井寺の天台宗3総本山を回遊するラリーへの協力参加の申入れや，滋賀県，一般社団法人日本ウォーキング協会，一般社団法人全日本ノルディック・ウォーク連盟，びわこ成蹊スポーツ大学，琵琶湖汽船などとの連携による「びわ湖パノラマウォーク」大会（平成28（2016）年で4回目）を行っている。さらにおごと温泉地区仰木の里にある成安造形大学（平成5（1993）年に開学）の学生による「雄琴地区のまちづくり」提案を同大学の授業の一環として公開発表する場を設ける計画もあるが，この催しには，温泉旅館協同組合側のみならず，大津市などの行政側からも参加し，提案の内容いかんでは，将来の街づくりに採用することも考えている。

地元住民を含めた地域全体の活性化に関して，同協同組合も単なる他力依存ではなく，自ら「プラットフォーム」の1メンバーとして県や市などの行政や大学などの教育機関に働きかけるようになってきたことは，従来のおごと温泉旅館主体のイベント活動から今度は大津市や滋賀県まで含めた広域の地域活性化プランや街づくり活動に変貌しつつあることを意味している。近年浮上したのが，琵琶湖を活用した「ハブ＆ステイ」の発想である。琵琶湖を観光源としてのみ取り扱うのではなく，湖上交通拠点としての利便性の視点からの見直しである。それは，滋賀県にある歴史文化遺産の数は全国でも指折りであり，また観光地としての人気も上昇している他の湖岸地域での観光周遊の延長上に，温泉宿泊地としておごと温泉を連結させるという企画である。

同温泉は有馬や城崎に比べると，京都や奈良などの観光地に近く，関西地区での手軽な温泉宿泊地として利用されることで，滋賀県全体の知名度を向上させることができるだろう。過去雄琴地区が中心になったイベントには，限界があったことは既述のとおりであるが，今後の地域の活性化，自己革新の展開には，県全体での連繋が不可欠であり，同時にプラットフォームとしての同温泉地の役割も新たな展開を迎えている。

最近の動きの中で，同地区の一番の関心事は琵琶湖観光用大型遊覧船「ミシガン」の雄琴港への寄港である。これは長年行政に働きかけてきたが，いくつかの理由でなかなか実現できなかった。同港には防波堤があり，船の安全な係留地としての役割があるが，逆にこのために大型観光船が入港できない。実現には防波堤撤去と浚渫（しゅんせつ）工事が伴う。その他，これからの街づくりのための環境整備の問題を含めて，地域のプラットフォーム化を進める上でも，ますます行政，地元住民，そして関係団体との連携や協働の展開が不可欠となりつつある。

6.3.4　事業承継と地域の発展

今般の取材（平成28（2016）年8月）を通してわかったことは，現在の経営者層を担っている世代から次世代への橋渡しのために人材育成の課題にも取り組むべき時期にあると思われた。そこには家業を継ぐ際の「何を大事にし続けるべきか，何を変えて行かなければならないのか」という課題にそれぞれの旅館の経営事情と併せ，地域のコミュニティの核として結束をどう維持していくべきかが，問われている。

「青経塾」の卒業生である，現温泉協同組合の役員メンバーも，現在40歳～50歳代になった。ある協同組合メンバーは，事業承継に際し「何を一番大切に残し，何を変えたかったか」との質問に対し，顧客への「おもてなし」であり，「忘己利他」の精神であると明言する。

つまり，伝統的精神は不変であるのに対し，見直すべきはサービスの内容であり，サービスの品質向上を挙げる。過剰なサービスは，旅館側にも顧客側にも結果として不満を残すことが多くなる。しかし，過度のマニュアル依存にもリスクがあるため，サービスの在り方は自らが考えて対応するようになってきた。

おごと温泉旅館のサービスも，伝統の精神は受け継ぎつつも，常にその品質の中身を顧客のニーズに合わせる形で時代の変化に対応しようとしている。むしろ，同地区における世代交代の共通の課題は，「押し込み隠居」的な発想ではなく「先代の居場所の確保」であり，世代ごとの役割の分担を考えることで家業の繋がりをうまく持続させる工夫をしているといえなくもない。

今後同地区でも次の世代への交代の時期がやってくることは避けられない。9軒の旅館の中には，適切な後継者が身近に見つからない場合，どうしても所有と経営の分離の問題に直面することもありうるだろう。しかし，見方を変えれば，これもまた同地区での事業承継が1つのパターンに留まらず，さまざまな事業承継の形に展開する可能性を持っていること意味する。家業を引き継ぐ条件や環境は，従来と異なった局面を迎えることになるが，同時に同地区が従来からのコミュニティ的なまとまりを維持していくための新たな次元に移行する機会となるのではなかろうか。

針谷氏は今後の雄琴の街づくりについて次のように語った。「街づくりには親子代々の地元の出身者が中心となって代々家業を受け継ぎ繁栄していくことが大切だ。そこには地元への思い入れがあり，また人間的な繋がりがあって初めて地域の復活が可能になる」と。地域の新たな発展のためには，地元の思い入れがある企業家がリーダーとなるなら事業承継の形式にとらわれる必要性はない。肝心なことは，地域に密着し，地元に愛着を持つ人材が，将来「企業家」として活躍できるように，コミュニティとしての「場」をどのようにして維持していくか，が地域再生や街づくりには不可欠である。

雄琴の次世代への交代の課題は，当面全般的な問題にはなっていない。確かに現在はフローの面での復活は成し遂げられたといえるが，他の温泉地と同様，常に設備投資をしなければ，顧客のニーズの変化に対応し切れないという独特の体質を持つのが温泉である。さらに，キャッシュフローのみならず，過去の借り入れを含めた資産部分でも強固な財務基盤を築いていく必要がある。温泉が地域の再生のための牽引役として地場産業として生き残っていくには，温泉という資源を今後どのように環境変化に適応させ，いかなる付加価値を目指すのか，それと並行して旅館業における収益性・生産性の向上などの課題解決に対しても，個別の旅館の枠を越えて協同組合全体の問題として取り組む姿勢が求められよう。

むすび

ここでは，おごと温泉の事例を地域革新における企業家活動という視点を用いて，本研究のテーマについて考察してきた。地域の革新のきっかけは，試行錯誤の中でのわずかな気づきと行動であったのかもしれない。しかも30年間も同じような状態が続いたことを考えると，個別の企業家活動を地域全体に展開するに至るまでの先人たちとその追随者たちの並々ならぬ努力は，かなりの情熱と勇気と決断なしには実行できなかったことは，組織パラダイムの変革の難しさを考えれば尚更である。

さらに先人の想いを引き継いだ若手後継者たちが，単なるイベント的，家業継承的な意味合いに終わらせることなく，協同組合という疑似家族的組織において持続的な協働活動を続け，やがて社会的な意味を持つに至ったことも単なる偶然が重なったのでもない。そこには，家業を継ぐという思いとは別に，地元から逃れられない「郷土愛」があったのであり，地元に埋め込まれた歴史的な伝統文化がおごと温泉を生き残らせた原動力となったのである。真の地域革新や地域の再生とは，このような地元の出身者がコアとなった「地元力」によってなされるといっても過言ではないだろう。

【注】

1）パラダイムの変化：団体旅行主体の旅行から個人やファミリー旅行へのシフト。
2）一條（2015）p.285，p.287
3）加護野（2007）
4）北川（2007）
5）本書　第２章（2.3.1③「なぜ『パラダイムの変革』が難しいのか」iv））参照。組織内のパラダイム変換は，政治的な権力交代と密接な関係がある。
6）ハーシュマン（2005）pp.85-87
「衰退する組織では，例えば親族や家族などの場合，精神的紐帯が強く働くため「離脱」など考えず，組織に強い愛着を抱き，組織を正しい軌道に戻すため『忠誠』心をもとに『離脱』よりむしろ組織内での『発言』を選択し活性化させる」
7）このキーワードは2011年の年次報告から使用。自転車の車輪のスポークの軸の役割に似ているところから，各拠点と雄琴温泉を結ぶことで観光ルートの主軸的な１つとしての役割を担う。
8）高校生による競技かるた大会を扱った映画『ちはやふる』（2016）では，近江神社やおごと温泉（琵琶湖グランドホテル）がロケ地として使用された。

結びにかえて　～次の世代につながる地域革新～

本書では，「地域革新における企業家活動の役割」を主題として，おごと温泉の地域革新がどのようなプロセスをたどり展開されていったのか，事例の分析と考察を進めてきた。おごと温泉の事例で示された地域革新のプロセスと企業家活動に関する「発見的仮説」は，他の温泉地の革新や地場産業の企業経営について，いくつかの有意義な示唆を与えてくれるのではないだろうか[1)]。

簡単に，本事例における成功要因並びに示唆をいくつかまとめてみよう。

（1） 企業家活動とイノベーション

「風評」とは噂であり，言い換えると実態がない。したがってその「被害」と闘う場合，確たる相手の顔が見えない状態での戦いであり，いわば「モグラ叩き」のような戦いが続くのである。しかし，被る被害は計り知れなく，長く続くことは，過去の例を見ても明らかである。おごと温泉での風評被害によって，このような状態が約30年間続いた。通常の対策や企画では奏功せず，かえってかなりの体力消耗を伴ったことがその結果として惰性的な状態の継続となったといえなくもない。その状態を打破できたのは，非連続な活動のできる「企業家」のイノベーション（革新的行動）を待つしかなかったのである。

（2） マーケティング

次に，若者たちのキャンペーン活動がそれなりの成果を見たのは，①限定的な地域で集中的にマーケティングを繰り返し②顧客との直接対話が可能であった，ことが挙げられる。つまり，通常，ビラ配りの際，顧客は関心がなければビラを受け取ろうとはしない。その反対に，ビラを受け取ってくれる人に，一声かけることで顧客との対話におけるニーズの把握を可能にする。大切なことは，顧客とのコミュニケーションを通じて，顧客の不満や自らに求められているニーズに気づいたことであり，そしてその情報に応えるために正面から課題解決に向き合うという試行錯誤を繰り返したことである。この結果，顧客ニーズの核心に近づくことができ，さらなるイノベーションに繋がっていった。

(3)　組織の質的な成長力～安定性と柔軟性～

顧客の不満を隠ぺいしたり，ニーズに応えることができない組織には将来がないといってよい。組織は，顧客や社会の要請に対し，創造的に応じて新たな価値を生み出してこそ存在意義を認められ存続が可能となる。他方，協同組合組織のみならず，一般の企業組織の場合，日常の行動論理は組織メンバーの行動規範であるがゆえに，簡単に変更できない。しかし，そのために外部環境の変化に対応しきれず，結果として倒産や事業撤退が起こっていることは，多くの事例が示すところである。外部からの情報取り入れの段階での，情報の解釈やその変化に対する感度を良くするには，組織の「質的な成長力」が問われる。

(4)　社会企業家活動

本事例では，個別の企業活動を超えた，協同組合での対話を通じた信頼と結束の大切さを取り上げた。その役割は，個々の旅館の問題に留まらず，社会的要請でもある「街づくり」であり，「地域活性化」の問題を検討する場の提供であった。街づくりには，行政や大学も含めた社会企業家が触媒的役割を担い，地域住民，旅館や各関連施設，飲食店，物販店舗などと連繋する「地域プラットフォーム」の形成が不可欠である。おごと温泉に期待されることは，①組合組織力とリーダーシップを生かしながら，②「地場産業」の１つとして具体的な街づくり計画の旗振り役を担い，③地域住民へ働きかけ，彼らとの距離をさらに縮めることによって，④新たなビジネスモデルに対するさらなる地域全体の応援を得ること，といえるだろう。

(5)　地場産業における人材

地域に根ざして活動する企業にとって，地域の慣習や風土との粘着性も強いことから，①これらの独自性を持つ企業をマネジメントできる「市民精神を持つ企業家」[2]の育成が不可欠である，②「人はパンのみにて生きるものではない」というが，しかし今後の社会を担う若者が健全に働ける職場の確保と健全な家庭生活を送られるコミュニティ的「場」の提供がなければ，若者はますます「不参加」となり，さらには「無関心」となる。人々の自由な受入れを許容するオープンな社会環境に移行するための地域インフラ整備のみならず，人口増に繋がる地方コミュニティづくりに対するソフト面の側面的支援がますます求められている。

最後に残された課題である組織における「全員一致」が，果たしていつまでも可能かという問題に触れておきたい。当時帰郷した若者たちにとって，温泉地としての評価認識にはバラつきがあったことは間違いない。他方，風評によるイメージチェンジがうまくいかず現状に対する諦観が漂う中で，どうして2人の企業家の危機意識が後継者達に受け継がれていったのだろうか。言い換えると，「当初の危機感だけで，果たしていつまで組織のモラールを維持できるのだろうか。何か別の活動や目標が必要ではないのか」あるいは，「組織のモラールを維持するにあたって，安易な『全員一致』の原則は，逆に新しいことを挑戦する際の意思決定の足枷になりかねないのではないか」という点である。

若者たちが「キャンペーン活動」を通じて次第に地元の風評の事実を認識しながらも，その危機意識について温度差があったことは否めない。しかし，この危機意識が短期的なもので終わらず，長くキャンペーン活動を継続できた要因こそが，おごと温泉を今日の姿にまで発展させたのではないのだろうか。その要因のいくつかは，以下のように考えられる。

① 絶えざる情報発信により顧客の反応が変わり，それが地元の環境変化に繋がっていくという循環を起こした。当初バラつきのある認識で始まった活動も，新しい温泉地として現実に変わりゆく地元の姿を顧客に向けて情報発信を繰り返す。やがて顧客の増加という実績となり，今度は後継者たちが自ら「意味→行為→情報→意味」というパラダイムのサイクル[3]を展

開していく試行錯誤の継続的な動きであったが，このためにかえってチームからの中途からの脱落は難しかった。

② 9軒の「全員一致」の原則のもと，コミュニケーションを重ね，認識ギャップを縮小する過程で連帯意識を強めていったが，その根底には，個々の旅館の事業活動の利害について率直に議論できる関係性を維持していた。つまり，安易な「全員一致」（グループシンク）を目指すことなく，他方温泉旅館協同組合という限られたメンバーによる組織内での意思決定が「部分最適」に陥らなかった。議論の食い違いが起こっても，組織の機能不全に陥っていないのは，経験を共有し，相互信頼と自制が働いている。いいかえると，ダイバーシティ（意見の多様性）を受入れる素地が協働によって培われたといえる。

③ 温泉協同組合による組織活動が維持されていくには，具体的な目標が必要となるが，同時に個々の収益性と公益性のバランスが加味されなければ，時間の経過とともに一時的な危機感が薄れ，やがて組織自身のモラールはダウンし，組織としての一体感が喪失することになるかもしれない。私利私欲ではなく地域を良くしようという気持ちや地元への愛着が，将来地元民との共創による新たな価値創造につながっていくなら今後の地域革新もさらに発展が続くと思われる。

冒頭に述べた地域の疲弊化，格差の拡大傾向が止まらない。確かに政府のすすめる地方創生のためのさまざまな施策がなされようとしているが，基本は従来からの成長路線の延長上に描かれた内容がほとんどであり，言い換えれば成長戦略が計画通りに進まなければ，その派生施策はすべて水泡に帰す可能性が高いといわざるを得ない。われわれが求める安心と信頼の社会をつくっていくには，もっと地元に根を下ろし，地元を愛する企業家を１人でも多く育てる環境整備とそれを受け入れる地元住民とのコミュニティを構築するための心の繋がりを地道に築いていくしかない。今後の研究課題も，地元に根付く企業家をどのようにすれば育てることができるのか，もっと目線を低くして考えるべきと思われる。

第1章で述べた，将来若者が「地方」に留まるか，あるいは生きがいを見つけ移住したくなる地方になるためにはどうすればよいのだろうか。

最近の再生事例である，Spiber株式会社[4)]を参考に考えてみよう。同社は鋼鉄の340倍という強靭性とゴムのような伸縮性を持つ蜘蛛の糸の主成分をベースに，人工合成した蜘蛛の糸を開発した。山形県鶴岡市の慶応大学先端研究産業支援センターに所在し，技術革新を目指す地方の産学官連携型のベンチャー企業である。人工血管・靭帯，建築などの多様な産業分野において軽量化，強靭化，脱石油などの活用の他，さらなる応用によって低コストで多品種少量生産が可能といわれる。同社は代表である関山氏が慶応大学（SFC）在学中に本アイディアを発案し，在学中に人工合成に成功した。現在，政府やVCなどからの資金援助や投資を受けて平成25（2013）年には大規模施設研究所を同市に建設し稼働させている。関山氏によれば，「なぜ山形なのか」という問いに対し，いくつかの要因の中に地元の人々の素朴ながらも心温まる支援（「お米は自分で買ったことがない」）と，研究に専念するために，子育て世代が安心して移住できる環境整備が必要であることを挙げている。地方創生という課題解決の1つは，経済面の追求だけでなく，もう1つの人々の生活面も併せて考えなければ真の地方活性化はできない。

次世代の若者たちが安心して仕事に，教育に，子育てに適した環境があって初めて地元への愛着が生まれてくる。地方だからこそできる要素がまだまだあることを示唆している。

【注】

1）一條　（2015）　p.284

「事例を研究する目的は『過去の出来事を変えることはできないが，物語を語り直すことで過去の出来事を再編成することが可能である。過去は変えられないが，未来は変えられる』というように，事例をどのように解釈するかは読者のおかれる環境や状況によって変わることはいうまでもない。しかし，同時に忘れてはならないのは，組織の再生には現状維持を許さないチャレンジ精神を持ち，同時にフォロアーを率いることで組織の変革を導くリーダーとしての企業家の役割には変わりないことである」

2）加護野（2010）p.60
　他の温泉地の地域革新には，自治体などの第三者機関による支援を別にして，リーダーの企業家活動が駆動力となって，街づくりの再生が可能になったケースもある。九州の由布院温泉，黒川温泉，あるいは別府温泉など企業家活動に取り組んだリーダーの存在が次世代に対する手本となり，実動部隊の後継者育成という意味で「点」の活動から「面」へと広がりを見せていく事例も見られる。
3）加護野（2011）p.169 「意味→行為→情報→意味」というサイクル
4）「Spiber 株式会社」

設立	2007年9月26日
業種	化学
事業内容	次世代バイオ素材開発，DNA タグ技術開発，DNA 情報記録技術開発に係る事業
代表者	取締役兼代表執行役　関山和秀（慶応大学　環境情報学部卒）
資本金	25億3,458万円　（2015年3月現在）
従業員数	75名（2015年4月1日現在）
沿革	2007年9月　慶応大学湘南キャンパス出身の関山和秀氏らが神奈川県藤沢市に設立 2008年6月　山形県鶴岡市に移転 2012年8月　第11回山形県科学技術奨励賞を受賞 2013年5月　世界初の合成蜘蛛繊維「QMONOS」の量産化に成功 11月　試作研究施設工場が稼働 2014年5月　スパイバー本社研究棟が稼働開始 9月　小島プレス工業株式会社との共同出資会社である Xpiber を設立（同社は QMONOS の量産工場を運営） 10月　内閣府による「革新的研究開発推進プログラム（ImPACT）」の承認プログラムとして「超高機能構造タンパク質による素材産業革命」コア研究組織として指名 2015年3月　資本金を25億3,458万円に増資 4月　社名をスパイバー株式会社から Spiber 株式会社に変更

あとがき

私がこの書を手掛けるきっかけとなったのは，極めて偶然の出会いであった。もとは，本業であった金融機関勤務時代に手がけた事業再建に関する事例をなんらかの記録に残せればよい，との考えで大学院に入学をした。しかし上智大学にて当時の指導教授であった山田幸三教授（当時経済学部　学部長）と相談を重ねるうちに，まずは直接取材できる企業があること，あるいは歴史的な分野に材料を求めることの方がよいのではないか，とのアドバイスがあった。途中，いろいろ迷った挙句，今般のテーマにたどり着くことができたのは幸運だったともいえる。

また，たまたま同じ仕事仲間からおごと温泉を紹介され，取材を重ねるうちに，今まで知っていたおごと温泉のイメージが大きく変わるに至った。同地が現在に至るまで置かれてきた経緯や，現地の人々の熱い想いに触れるにつれ，研究テーマがはっきりと見えてきたといってよい。そして，その成果としての博士論文を上梓することができたのだが，このような機会がなければ，今頃は同じ温泉の歴史をたどるにせよ，真の地域革新・地域再生の研究にまで到達できなかったかもしれない。

さて，本書はおごと温泉という一ローカルな温泉の再生事例である。しかし，その内容は，単なる温泉地の盛衰を述べたものに留まらない。多くの読者，特にバブル期を経験された読者や関西地区に住まれたことのある読者には，「あの，雄琴か？」と訝るか，好奇な目で見られる方もおられることは百も承知である。むしろ，現在のおごと温泉は，いわば「地獄を見た温泉」が約30年のブランクを経て「蘇った温泉」といった方がよいだろう。

本書は，決して最先端の経営学を駆使した理論書でもなければ，また地域創生や事業再生のためのハウツーものを目指した書物ではない。前述したごとく，平成27（2015）年に提出した博士論文がベースとなっており，あくまで学術的な内容を主としている。今般，その論文内容を公開するにあたり，個人的な情報に関連した部分を削除したり，他の資料によって書き加えた部分がかなりあった。さらに昨年末入院生活を経たこともあり，そのため，時間的な予定を大幅に越してしまった。しかし，本書を幅広い読者に読んでいただき，特に風評被害による実態を理解していただきたいという願いは変わってはいない。それとともに，現在も現役の経営者としておごと温泉の地で活躍されている方々の努力に報いるため，「再生の記録　空白の30年間をどう生き延びたのか」の歴史を埋めるべく地方郷土史として世に出すものである。

謝辞

本書の執筆にあたって，多くの方々のご支援とご協力をいただいた。すべての方のお名前をあげることはできないが，ここに御礼申し上げたい。

まず現地取材や資料の提供に関しては，多忙な時間を割き積極的にご協力していただいた下記の方々にまずは御礼を申し上げるとともに，本書がおごと温泉の歴史にいささかなりとも貢献できることを願うものである。特にびわ湖花街道　佐藤良治会長，佐藤祐子社長父子，湯元館　針谷了会長，それに琵琶湖グランドホテル　金子博美社長などおごと温泉旅館協同組合の方々には長時間にわたる取材にも快く答えていただき感謝の念に堪えない。また，その他関連資料の収集にご協力いただいた「旅の図書館」大隅一志氏にも御礼申し上げる。

おごと温泉関係

びわ湖花街道	佐藤良治氏	佐藤裕子氏
湯元館	針谷　了氏	
琵琶湖グランドホテル	金子博美氏	
暖灯館　きくのや	池見喜博氏	
緑水亭	金子憲之氏	
雄琴荘	榎　高雄氏	

里山昔話　雄山荘　　　　山崎祐次氏
旅館協同組合事務局　　　　隅田詔子氏
大津教育委員会　文化財保護課　　　　和田光生氏
大津市産業観光部観光振興課の皆様

本書のもとになった上智大学大学院での博士論文作成にあたり，上智大学経済学部　山田幸三教授には，言葉に尽くせない程の懇切なご指導をいただき感謝の意を表したい。本論文作成にあたり，幾度かの挫折感に見舞われることもあったが，その度ごとに一方ならぬ熱心な情熱をもってご指導いただいたことに改めて謝辞を述べるものである。

本書の校正に多大なご尽力を賜った中央経済社　酒井　隆氏にも御礼申し上げたい。

最後に本書の執筆において家族の協力と理解がなければできなかったことも申し添えておきたい。

目黒の自宅にて　岩　崎　勝　彦

【参考文献】

浅羽茂（2015）「日本のファミリービジネス研究」『一橋ビジネスレビュー』第63巻2号
江島由裕（2014）『創造的中小企業の存亡　生存要因の実証分析』白桃書房
後藤俊夫（2012）『ファミリービジネス　知られざる実力と可能性』白桃書房
広瀬敬一『ちろりん村顛末記』朝日新聞社　1984
石井淳蔵（1996）『商人家族と市場社会　もうひとつの消費社会論』有斐閣
石井淳蔵・奥村昭博・加護野忠男・野中郁次郎（1985）『経営戦略論　新版』有斐閣　第7章
一條和生（2015）『リーダーシップの哲学　12人の経営者に学ぶリーダーの育ち方』東洋経済新報社
今井賢一（2007）「J.A. シュンペーター『経済発展の理論』」『経済学　名著と現代』日本経済新聞出版社　第14章
今谷　明（2007）『近江から日本史を読み直す』講談社
岩城成幸（2006）「温泉街の事業再生と地域金融機関　～鬼怒川温泉と足利銀行の関係を中心に～」『レファレンス』6月号
岩崎勝彦（2014）「老舗温泉旅館に企業家活動と温泉地の再生」『VENTURE REVIEW』第23号
――――（2015）「老舗温泉の事業承継と地域コミュニティの役割　―おごと温泉の自己革新」『ファミリービジネス学会誌』第4号
おごと温泉旅館協同組合「知的財産経営報告書　2009」「同　2011」「同　2015」
奥村昭博（2015）「ファミリービジネスの理論　昨日，今日，そしてこれから」『一橋ビジネスレビュー』第63巻2号
大久保あかね（2013）「近代旅館の発展過程における接遇（おもてなし）文化の変遷」『観光文化』217号　日本交通公社
大津市雄琴学区自治連合会（1972）「雄琴の地名」『わが郷土　雄琴の歴史を探る』大阪書籍
大西雅之（2014）「旅館経営とまちづくりを考える」『観光文化』日本交通公社
大野正人（2013）「近代社会におけるホテル・旅館の誕生」『観光文化』217号　日本交通公社
大室悦賀（2002）「NPOの商業化とソーシャル・アントレプレナーシップ」（谷本寛治・田尾雅夫編）『NPOと事業』ミネルヴァ書房
加護野忠男（1987）「企業家活動とパラダイム創造」市原ゼミナール研究会編『経営と人間』森山書店
――――（2000）「企業統治と競争力」『一橋ビジネスレビュー』第48巻第1－2合併号
――――（2007）「取引の文化―地域産業の制度的叡智」『国民経済雑誌』第196巻第1号
――――（2010）『経営の精神』生産性出版
――――（2011）『新装版　組織認識論　企業における創造と革新の研究』千倉書房
――――「日本における企業統治の論理」（2003）宮本又郎，杉原薫，服部民夫，近藤光男，加護野忠男，猪木武徳，竹内　洋『日本型資本主義　どうなる　どうする　戦略と組織と人材』有斐閣

加護野忠男他（1996）『経営戦略論』有斐閣
金井一頼（2009）「企業家活動とクラスター形成：クラスターのミクロ・メゾ理論の展開に向けて」西澤昭夫・若林直樹・佐分利応貴・忽那憲治・榊原伸彦・金井一頼『NTBFsの簇業・成長・集積のためのEco-systemの構築』RIETI　Discussion Paper Series 10-J-024
────（2012）「企業家活動と地域イノベーション　企業家プラットフォームの意義」『VENTURE REVIEW』第20号
金井一頼・吉原英樹・安室憲一（1987）『「非」常識の経営』東洋経済新報社
金井一頼・角田雄一郎編（2002）『ベンチャー企業経営論』有斐閣　第3章
金井一頼・大滝精一・山田英夫・岩田智（2006）『経営戦略　新版』有斐閣アルマ　第9章
金井壽宏（2004）『組織改革のビジョン』光文社新書
川村稲造（2009）『企業再生プロセスの研究』，白桃書房
北川加寿男（2007）「長浜の次世代継承はイベントで実現」『観光文化』182号
久保田美穂子（2008）『温泉地再生』学芸出版社
久保田章市（2010）『百年企業，生き残るヒント』角川SSC新書 第2章
久保田典雄（2011）「事業承継と人づくり」（前川洋一郎　末包厚喜編著『老舗学の教科書』同友館　第8章
熊本日日新聞社情報文化センター編著（2000）『黒川温泉「急成長を読む」』熊本日日新聞社
倉科敏材（2003）『ファミリー企業の経営学』東洋経済新報社
倉科敏材編著（2008）『オーナー企業の経営』中央経済社
経済産業省（2008）「ソーシャルビジネス研究会　報告書」
坂口香代子（2008）「おごと（雄琴）温泉（おごと温泉旅館協同組合）『雄琴青経塾』の塾生たちによる温泉ブランドの復活」『CREC』165巻
澤田竜次（2007）「リゾート・温泉旅館　再生の現状と投資・成長報告」『月刊　レジャー産業資料』No.495
下平尾勲（2007）「地元力と観光振興」『観光文化』181号　日本交通公社
末永國紀（2000）『近江商人　現代を生き抜くビジネスの指針』中公新書
────（2004）『CSRの源流「三方よし」　近江商人学入門』淡海文庫
曽根秀一（2008）「老舗企業における長期存続要因にかんする研究─金剛組の経営理念と組織を中心に─」『びわこ経済論集』第6巻第1・2合併号
谷口寛治（2006）『ソーシャル・エンタープライズ　社会的企業の台頭』中央経済社　第1章，第4章
冨山和彦（2010）『カイシャ維新』朝日新聞社
南原竜樹（2013）『旅館再生の教科書』ATパブリケーション
西川盛朗（2013）「海外に学ぶ　ファミリー評議会で秩序維持」『今から始めるオーナー社長の相続』日経トップリーダー2月号
日本政策投資銀行地域企画チーム編著（2004）『実践！地域再生の経営戦略　全国62のケースに学ぶ“地域経営”』金融財政事業研究会
前川洋一郎・末包厚喜　編著（2011）『老舗学の教科書』同友館　pp.128-145, 169-215
松坂健（2007）「連載　新旅館マネジメントの時代／地域一体のISOリーダーとして発揮した経営手腕　第23回　びわ湖花街道 専務　佐藤裕子」『月刊ホテル・旅館』6月号

松原日出人（2014）「地域革新と集合的企業家活動　—困難期のミカン産業と三ヶ日地域の革新を事例として—」『組織学』第47巻第３号
宮本又郎（2010）『日本企業経営史研究　～人と制度と戦略と～』，有斐閣
Rauch,A., J. Winklund,G.T. Lumpkin and M,Frese（2009）"Entrepreneurial Orientation and Business Performance An Assessment of Past Research and Suggestions for the Future", *Entrepreneurship* Theory and Practice Vol.33（May）
山岸俊男（2008）『日本の「安心」はなぜ消えたのか　社会心理学から見た現代日本の問題点』集英社インターナショナル
山崎美代造（2011）「足利銀行の経営破綻から学ぶ中堅・中小企業再生の課題および解決策の要点」宇都宮市役所 HP
山田幸三（2000）『新事業開発の戦略と組織　—プロトタイプの構築とドメインの変革—』白桃書房
————（2009）「企業家的活動と大学発ベンチャー　—アキュセラ社の事例を中心にして—」明石芳彦編著『ベンチャーが社会を変える』ミネルヴァ書房
————（2011）「地域産業の新陳代謝と企業家育成の制度的基盤」（第８回企業家フォーラム年次大会　共通論題「地域産業の新陳代謝と企業家育成の国際比較」）」『企業家研究』第８号
————（2013a）『伝統産地の経営学　陶磁器産地の協働の仕組みと企業家活動』有斐閣
————（2013b）「伝統産地の変貌と企業家行動：有田焼と信楽焼の陶磁器産地の事例を中心として」『上智經濟論集』58（１・２）
————（2014）「企業家のタイプ」『企業家のすすめ』有斐閣
山田幸三・伊藤博之（2008）「陶磁器産地の分業構造と競争の不文律—有田焼と京焼の産地比較を中心にして—」『組織科学』第42巻第２号
山田幸三・伊藤博之（2013）「陶磁器産地の分業構造と企業家活動～信楽焼産地の事例を中心にして～」，『組織科学』第46巻第３号
山田仁一郎（2009）「集合財としての地域コミュニティの再構築　広域商店街にみる合意形成と地域活性化の本質」明石芳彦編著『ベンチャーが社会を変える』ミネルヴァ書房
————（2011）「ソーシャル・アントレプレナーの役割とキャリア　四国・九州アイランドリーグと鍵山誠氏」大室悦賀　大阪 NPO センター編著『ソーシャル・ビジネス　地域の課題をビジネスで解決する』中央経済社
矢野修一（2004）『可能性の政治経済学　—ハーシュマン研究序説—』法政大学出版局
安田武彦・高橋徳行・忽那憲治・本条祐司（2007）『テキスト　ライフサイクルから見た中小企業論』同友館
横澤利昌（2012）編著『老舗企業の研究』生産性出版
吉村典久（2007）『日本の企業統治　神話と実態』NTT 出版
吉沢清良（2014）「温泉地における不易流行を考える」『観光文化』223号　日本交通公社
Abell,D.F.（1980）*DEFINING THE BUSINESS : THE STARTING POINT OF STRATEGIC PLANNING*（石井淳蔵［1994］『事業の定義　—戦略計画策定の出発点—』千倉書房）
Drucker,P.F.（1985）*Innovation and Entrepreneurship*, HarperCollins Publishers 1985（上田敦生［2007］『イノベーションと企業家精神』ダイヤモンド社）

Henton D, J.Melville, and K. Walesh (1997) *Grassroots Leaders for a New Economy : How Civic Entrepreneur Are Building Prosperous Communities,* Jossey-Bass Inc.1997 (加藤敏春訳［1997］『市民企業家』日本経済評論社)

Hirschman.A.O. (1970) *Exit, Voice, and Loyalty Responses to Decline in Firms, Organizations, and States,* Cambridge, Massachusetts : Harvard University Press (矢野修一訳［2005］『離脱 : 発言・忠誠 ―企業・組織・国家における衰退への反応―』ミネルヴァ書房)

Khurana,R., Searching for a Corporate Savior : The Irrational Quest for Charismatic CEOs, Prinston Uninersity Press 2002 (加護野忠男・橋本碩也訳 (2005)『カリスマ幻想―アメリカ型コーポレートガバナンスの限界』税務経理協会)

Kirzner,.I.M. (1973) *Competition And Entrepreneurship,* The University of Chicago Press (田島義弘監訳, 江田三喜男・小林逸太・佐々木實雄・野口智雄共訳)［1985］『競争と企業家精神―ベンチャーの経済理論―』千倉書房)

―――― (1997) *How Markets* Work, The Institute of Economic Affairs (西岡幹雄・谷村智輝訳［2001］『企業家と市場とはなにか』日本経済評論社)

Miller,D. (1983) "The Correlates of Entrepreneurship in Three Types of Firms", *Management of Science,* Vol.29.

Schumpeter,J.A. (1926) *Theorie der Wirtschaftlichen Entwicklung,* Duncker & Humbolt GmbH (塩野谷祐一・中山伊知郎・東畑精一訳［1977］『経済発展の理論』上巻, 岩波書店)

―――― (1947) "The Creative Response in Economic History", *Journal of Economic History,* Vol. 7 (清成忠男編訳［1998］「経済史における創造的反応」『企業家と何か』東洋経済新報社)

―――― (1950) *Capitalism,Socialism,and Democracy* Third Edition Harvard College (中山伊知郎・東畑精一訳［1962］「資本主義・社会主義・民主主義 (上)」

Stigler,G. (1951) "The Division of Labor is Limited by the Extent of the Market" *Journal of Political Economy* Vol.LIX, No. 3

Storey, D.J. (1994) *Undertaking The Small Business Sector,* London, Routledge ((忽那憲治・安田武彦・高橋徳行［2004］『アントレプレナーシップ入門』有斐閣

【滋賀県 (近江)・大津市・雄琴地区／歴史並びにその他関連資料】

上原茂次 (1963)『新　大津市史　別巻』大津市役所

「ぷらっと沿線紀行　JP 湖西線おごと温泉駅　変われるんだ　いつだって」朝日新聞 (夕刊)　2008年３月15日

「新駅名スタート　西大津→大津京　雄琴→おごと温泉」朝日新聞　滋賀　13版　2008年３月16日

「JR 湖西線　駅改称　観光振興託す」読売新聞　滋賀　13版　2008年３月16日

「特集　ホテル＆旅館　大淘汰　旅館大リストラ時代, 到来」『週刊ダイヤモンド』2009年３月28日

「雄琴温泉協同組合・雄琴温泉観光協会　事業報告書」昭和50年度～平成17年度

「雄琴温泉協同組合・雄琴温泉観光協会　通常総会議事録」平成16年度～平成22年度

大津市長（1984）『新修　大津市史　北部地域　第7巻』大津市制80周年記念出版
大津市長（1999）『図説　大津の歴史　上・下巻』大津市制100周年記念出版
大津市史編纂室編（1985）「大津の城」『ふるさと大津歴史文庫２』大津市役所
大津歴史博物館編（1952）『江若鉄道の思い出　ありし日の沿線風景』サンライズ出版
佐藤伝三郎他「座談会　明日の観光」滋賀日日新聞　1967年２月23日　14590号
滋賀県市町村沿革編纂委員会（1967）『滋賀県市町村沿革史　第２巻』
滋賀県庁（1979）『近江国滋賀郡誌　全』弘文堂書店
滋賀県民俗学会（1980）『民族文化』198号
司馬遼太郎（1985）『叡山の諸道　街道をゆく　16』朝日新聞出版
畑中誠治・井戸庄三・林博通・中井均・藤田恒春・池田宏（1997）『滋賀県の歴史　県史』山川出版社
羽生道秀（1989）「雄琴温泉の巻」『湖国と文化　特集安土城』第49号　滋賀県文化体育振興事業団
藤本　弘（1976）『新註　近江輿地誌略　全』弘文堂書店

【旅行関連一般】以下は日本温泉協会発行の機関誌『温泉』より
市原　実「温泉地関連データの読み方①～④」2014.02　Vol.82　No.859
古賀　学「談論風発（42）　住民からの温泉観光地域づくりにむけて」2010. Jul　Vol.78　6.7合併号
原　重一「これからの温泉地と温泉観光旅館」2013.01　Vol.81　No.852
星野佳路「温泉旅館の変革の意義」2012.05　Vol.80　No.850
山村順次「日本温泉地の発達と地域的特性―昭和・平成時代を中心に―」『日本温泉協会80年記念誌―日本の温泉とともに80年』2011.1.5
「温泉地宿泊数ベスト100」1992　No.658　4.5合併号，2013.05　Vol.81　No.856
「第53回『旅と温泉展』アンケート調査結果」2014.06　Vol.82　No.853
「第49回『旅と温泉展』アンケート調査結果」2010. Jul.　Vol.78　6・7合併号

索　引

あ行

か行

な行

は行

ま行

や行

ら行

わ行

【著者紹介】

岩崎勝彦（いわさき・かつひこ）

1947年　兵庫県生まれ。

慶應義塾大学経済学部卒業後，旧三和銀行勤務を経て，現在　千葉商科大学大学院商学研究科　（中小企業診断士養成コース）客員教授

2001年　中小企業診断士登録

2007年　千葉商科大学大学院　会計ファイナンス研究科修了（会計ファイナンス修士）

2008年～2013年　嘉悦大学　経営経済学部　教授

同　～2014年　千葉商科大学院　会計ファイナンス研究科　客員教授　兼任

2016年　上智大学大学院　経済学研究科経営学専攻　博士後期課程修了　博士（経営学）

専攻は　経営戦略論，コーポレート・ガバナンス論

おごと温泉の地域革新

■地場産業を蘇らせる企業家活動

2018年5月25日　第1版第1刷発行

著者　岩崎勝彦
発行者　山本継
発行所　㈱中央経済社
発売元　㈱中央経済グループパブリッシング

〒101-0051　東京都千代田区神田神保町1-31-2
電話 03（3293）3371（編集代表）
03（3293）3381（営業代表）
http://www.chuokeizai.co.jp/

印刷／東光整版印刷㈱
製本／㈲井上製本所

ISBN 978-4-502-25241-9　C3034